Hallo

BERTELSMANN

Warum wackelt Wackelpudding?

Antworten auf kuriose Kinderfragen

Chefredaktion: Dr. Beate Varnhorn
Projektleitung: Katja Baier, Ute Becker
Autorin: Ingrid Peia
Redaktion: Ute Becker, Ingrid Peia
Illustrationen: Petra Dorkenwald/München;
SCHINKEL Medien & Design/Berlin
Bildredaktion: Sonja Rudowicz
Layout und Satz: Anke Eickholt
Einbandgestaltung: FaktorZwo/Bielefeld
Herstellung: Hartmut Fichtner

ISBN 978-3-577-07622-7

BERTELSMANN

Warum wackelt Wackelpudding?

Antworten auf kuriose Kinderfragen

Bertelsmann Lexikon Institut

Inhalt

Komisches vom Körper

Kurioses aus dem Alltag

Lustiges aus Tier- und Pflanzenwelt

Erstaunliche Wissenschaft

Sprechen und Schreiben

Land und Leute

Komisches vom Körper

Kitzeln

Warum kann ich mich nicht selber kitzeln?

Die Überraschung fehlt! Kitzeln ist nur lustig, wenn es unerwartet kommt. Wenn du dich selber kitzelst, berechnet dein Gehirn schon im Voraus den Zeitpunkt dieser Berührung. Und es kitzelt nicht. Das ist auch gut so. Denn sonst kämst du bei jeder flüchtigen Berührung aus dem Lachen gar nicht mehr heraus.

Sind alle Menschen kitzelig?

Manche fangen schon an zu lachen, wenn man nur so tut, als ob man sie gleich kitzeln wird. Andere sind dagegen sehr viel weniger kitzelig. Ein bisschen kitzelig sind aber alle Menschen. Es ist überlebenswichtig, dass die Haut fremde Berührungen meldet. Denn vielleicht kitzelt uns ja eine giftige Schlange am Bein!

Wusstest du,

- dass wir meist nur kitzelig sind, wenn wir den Menschen, der uns kitzelt, auch mögen?
- dass wir vor allem an den Stellen kitzelig sind, an denen wir leicht verletzlich sind: unter den Achseln, an den Fußsohlen und am Bauch?
- dass kitzelige Eltern oft auch kitzelige Kinder haben?
- dass bei einem Lachanfall fast 300 verschiedene Muskeln beteiligt sind?

Wenn du auf eine Berührung vorbereitet bist, kitzelt es nicht.

Warum bin ich gerade unter den Füßen so kitzelig?

Hier sind die meisten Menschen besonders kitzelig. Das liegt daran, dass von den Füßen sehr viele Nervenbahnen ins Gehirn laufen. Diese Nervenbahnen funktionieren ähnlich wie eine Telefonleitung und melden jede kleinste Berührung. Auch in den Fingern enden besonders viele Nervenbahnen. Doch weil die Hände jeden Tag unzählig viele Dinge berühren, sind sie nicht so empfindlich wie die Fußsohlen. Würdest du häufiger barfuß gehen, wären deine Füße auch nicht mehr so schön kitzelig.

Auge, Ohr + Nase

Warum sitzt meine Nase im Gesicht?

Durch die Nase atmen wir nicht nur ein und aus, wir nehmen mit ihr auch Gerüche wahr. Deine Nase und dein Geruchssinn warnen dich vor verdorbenen Speisen oder vor einem Brand. Das kann die Nase aber nur, wenn sie ungehindert riechen kann. Darum sitzt sie weit oben am Körper an einer unbedeckten Stelle.

Wieso habe ich eine Nase, aber zwei Ohren?

Wir haben zwei Ohren, zwei Augen, Nase und Mund. Wir haben zwei Augen, weil wir sonst nicht räumlich sehen könnten. Wir wüssten dann nicht, wie weit ein Gegenstand von uns entfernt ist. Nur weil wir zwei Ohren haben, können wir räumlich hören und somit die Richtung feststellen, aus der ein Geräusch kommt.

Wusstest du,

- dass das menschliche Auge drei verschiedene Farben erkennt: Rot, Blau und Grün? Alle anderen Farben werden durch Mischung aus diesen drei Grundfarben erzeugt.
- dass du deine Nasenspitze sehen kannst, wenn du richtig schön schielst?
- dass die Ohrmuschel wie ein Trichter die Geräusche aus deiner Umwelt aufnimmt und sie über den Gehörgang zum Trommelfell weiterleitet?

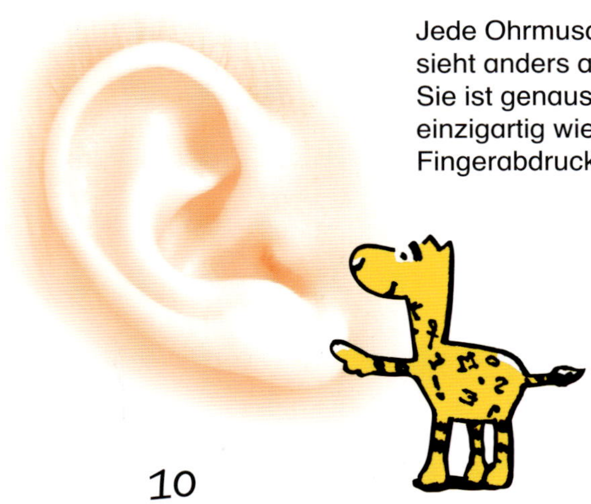

Jede Ohrmuschel sieht anders aus. Sie ist genauso einzigartig wie ein Fingerabdruck.

Warum kann ich nicht mit den Ohren wackeln?

Ob Laufen, Treppen steigen oder mit den Ohren wackeln: Es sind die Muskeln, die uns jede noch so kleine Bewegung ermöglichen. Doch Muskeln verkümmern, wenn sie nicht regelmäßig trainiert werden. Früher konnten die Menschen ihre Ohren bewegen. Seitdem sie aber nicht mehr in der Wildnis leben und sich vor wilden Tieren in Acht nehmen müssen, ist das nicht mehr notwendig. Darum haben sich die Ohrenmuskeln zurückgebildet. Da hilft nur eines: üben, üben, üben!

Guess
Overalls

Beulen & Male

Wusstest du,

- dass die meisten Menschen Leberflecke haben?
- dass die Rillen auf den Fingerkuppen ein bestimmtes Muster haben, das man Fingerabdruck nennt? Dieses Muster ist bei jedem Menschen anders.
- dass auch Menschenaffen Fingerabdrücke haben?
- dass man zwischen Eis und Beule immer ein Tuch legen soll, da die Haut sonst erfrieren kann?

Kommen Leberflecke aus der Leber?

Leberflecke können überall auf der Haut vorkommen. Sie haben eine rötlich-braune Farbe, sind oval oder rundlich und haben eine glatte Oberfläche. Meistens sind sie harmlos. Leberflecke heißen so, weil sie die Farbe der Leber haben. Aber sonst haben sie nichts mit der Leber zu tun.

Warum haben meine Fingerkuppen Rillen?

Fingerkuppen haben Rillen, weil es dadurch leichter ist, etwas zu greifen und aufzunehmen. Das kannst du testen! Nimm Klebeband und deck damit an einer Hand die Fingerkuppen ab. Versuch nun, mit dieser Hand eine Geldmünze vom Tisch aufzunehmen. Gar nicht so einfach!

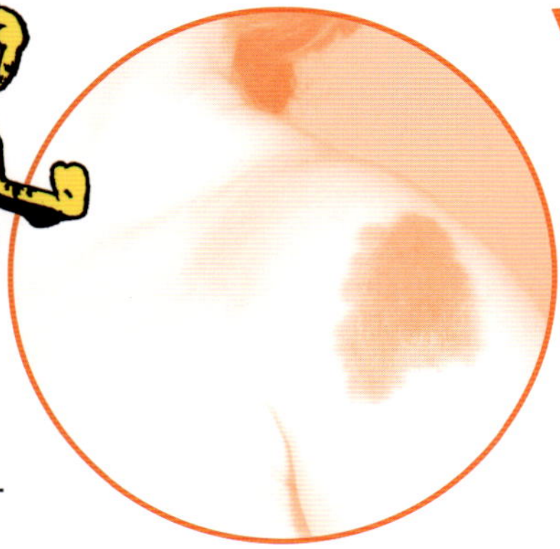

Leberflecke sind braun und unterschiedlich groß.

Wieso bekomme ich nur am Kopf eine Beule?

Wenn du dich am Arm oder Bein stößt, bekommst du häufig einen blauen Fleck. Haust du dagegen mit dem Kopf gegen die Tischplatte, bildet sich am Kopf meist eine beeindruckende Beule. Die Haut liegt an dieser Stelle direkt auf dem Schädelknochen. Darum hat das Blut keinen Platz abzufließen und es bildet sich hier eine dicke Schwellung unter der Haut. Nun ist es ganz wichtig, die verletzte Stelle zu kühlen. Dann wird die Beule umso schneller wieder verschwinden.

Geschmackssache

Macht sauer lustig?

Beißt du in eine Zitrone, machen sich wahrscheinlich die anderen über dich lustig. Weil du dann eine tolle Grimasse ziehst! Was ist also dran an dem Sprichwort? Sauer macht Lust auf Essen, weil dir davon das Wasser im Mund zusammenläuft. Früher meinte das Wort »lustig« eher »gelüstig« (Lust auf mehr).

Warum schmeckt Schokolade süß?

Unsere Zunge hat viele kleine Erhöhungen, die Geschmacksknospen. Mit ihnen können wir vier Geschmacksrichtungen unterscheiden: süß, salzig, sauer und bitter. Die Zungenspitze ist besonders empfindsam für süß. Salzig und sauer wird von den Zungenrändern und bitter vom hinteren Zungenteil erkannt.

Wusstest du,

- dass man sie »Geschmacksknospen« nennt, weil sie unter dem Mikroskop wie kleine Knospen aussehen?
- dass auch mit zugehaltener Nase alles nach nichts schmeckt?
- dass viele Früchte süß oder sauer sind? Salzige Früchte gibt es nicht.
- dass sich der Bittergeschmack entwickelt hat, um uns vor giftiger Nahrung zu warnen?

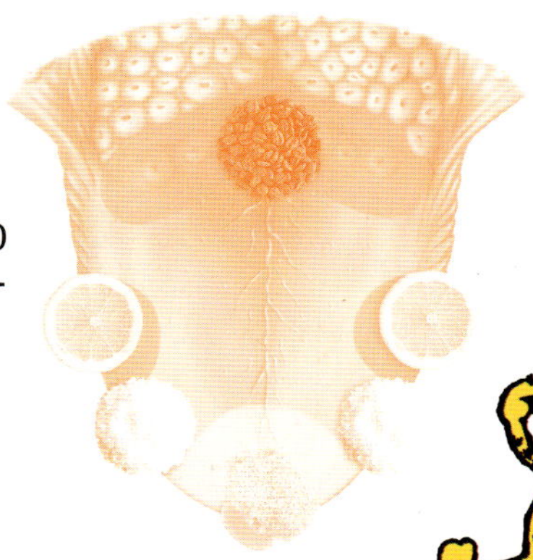

Auf der Zunge sind über 10.000 winzige Geschmacksknospen verteilt.

Warum habe ich so eine Lust auf Süßigkeiten?

Nicht nur Kinder lieben Süßigkeiten, auch die meisten Erwachsenen. »Süß« ist ein besonders angenehmer Geschmack im Mund. Unsere Vorliebe für »süß« gilt als angeboren. Bereits die Muttermilch schmeckt etwas süßlich. Doch so lecker sie auch sind: In Süßigkeiten sind keine Vitamine, Mineralstoffe und Ballaststoffe, die dein Körper braucht. Stattdessen enthalten sie meist viel Zucker und Fett. Beides macht dick und der Zucker ist zudem schlecht für deine Zähne.

Schmerzen

Wieso kennen Indianer keinen Schmerz?

Wer hat diesen Satz nicht schon einmal gehört. Aber er stimmt gar nicht! Natürlich kennen Indianer auch Schmerzen. Und das ist auch gut so, denn Schmerzen sind ganz wichtig. Wenn du dich zum Beispiel am Bein verletzt, schlägt die Haut an dieser Stelle Alarm. Und schützt das Bein damit vor weiteren Wunden.

Kann der Muskelkater auch schnurren?

Nein, der tut nur weh! Und er zeigt dir an, dass du deine Muskeln überanstrengt hast. Das passiert zum Beispiel, wenn du im Winter nach langer Zeit mal wieder Ski läufst. Deine Muskeln kennen diese Bewegungen nicht mehr und schmerzen am nächsten Morgen. Nach wenigen Tagen verschwindet dieser Kater.

Wusstest du,

- dass du seltener einen Muskelkater bekommst, wenn du regelmäßig Sport treibst?
- dass unser Körper starke Schmerzen nicht so schnell wieder vergisst?
- dass man eine Wunde erst ein paar Minuten ausbluten lassen sollte, bevor man ein Pflaster draufklebt?
- dass man Schorf nicht abkratzen soll? Das kann hässliche Narben geben!

Bunte Pflaster lassen die Wunde nicht schneller heilen, sehen aber schön aus!

Wieso blutet mein Knie, wenn ich hinfalle?

Blut ist ein richtiger Alleskönnersaft. Wenn du beim Klettern aufs Knie fällst und blutest, reinigt das Blut die Wunde. Allmählich wird das Blut dickflüssig und trocknet ein: Es gerinnt. Auf diese Weise verschließt das Blut die Wunde. Dein Knie hört auf zu bluten. Das geronnene Blut wird nun ganz hart und bildet eine Kruste, den Schorf. Darunter wächst neue Haut. Sobald die Wunde richtig verheilt ist, fällt der Schorf ab und alles ist wieder gut. Bis zum nächsten Sturz!

Weinen & Lachen

Wieso weint man beim Zwiebelschneiden?

Zwiebeln enthalten besondere Öle, die beim Zerschneiden entweichen und einem in die Augen spritzen. Diese Öle reizen unsere Schleimhäute und lassen die Augen tränen. Was kann man dagegen tun? Man kann Zwiebeln zum Beispiel unter fließendem Wasser schneiden oder einfach eine Taucherbrille aufsetzen!

Warum schmecken Tränen salzig?

Tränen schmecken salzig, weil in der Tränenflüssigkeit tatsächlich ganz kleine Mengen von Salz enthalten sind. Weißt du eigentlich, dass man Tränen nicht nur zum Weinen braucht? Wir haben immer Tränen in den Augen. Die Tränenflüssigkeit reinigt das Auge und schützt es vor dem Austrocknen.

Wusstest du,

- dass durch das Schlagen der Augenlider die Tränenflüssigkeit gleichmäßig verteilt wird?
- dass nicht nur Zwiebeln, sondern auch Meerrettich, Knoblauch, Porree und Bärlauch schwefelhaltige Öle enthalten?
- dass uns die Fähigkeit zu lachen angeboren ist?
- dass man manchmal auch über sich selbst lachen kann?
- dass Lachen ansteckend ist?

Beim Zwiebelschneiden steigen einem ganz schnell Tränen in die Augen!

Ist Lachen wirklich gesund?

Ja, Lachen ist wirklich gesund. Es stärkt zum Beispiel unsere Abwehrkräfte, hilft gegen Stress und lenkt von Schmerzen ab. Und Lachen ist »entwaffnend«. Wissenschaftler glauben, dass das Lachen entstand, als die Menschen noch in Stämmen lebten. Es sollte zeigen: »Das sieht jetzt vielleicht bedrohlich aus, ist es aber nicht«. Wer gemeinsam lacht, der bekämpft sich nicht. Auch heute noch dient Lachen oft der Beschwichtigung. Hast du heute schon gelacht?

Körperphänomene

Warum ist Pipi gelb?

Egal was du trinkst: Am Ende ist alles gelb! Das liegt daran, dass dein Körper etwa den Kakao nicht als Kakao ausscheidet. Wertvolle Stoffe behält er. Nur der Rest kommt mit dem Pipi – oder Urin, wie es richtig heißt – wieder heraus. Seine Farbe erhält Urin durch Farbstoffe aus der Galle. Wo die Galle ist? In deinem Bauch!

Und was kann laufen und hat keine Beine?

Das ist die Nase! Richtig laufen kann sie natürlich nicht, denn sie ist ja festgewachsen. Aber wenn du erkältet bist, läuft sehr viel »Schnodder« aus deiner Nase. Dieser Schleim wird in der Nase gebildet. Damit will die Nase die fiesen Krankheitserreger fortspülen.

Wusstest du,

- dass die Farbe des Urins nicht immer gleich ist? Trinkst du zu wenig, ist der Urin dunkler als normal. Trinkst du dagegen besonders viel, ist er hellgelb.
- dass in deiner Nase viele kleine Härchen sind, die den Nasenschleim zurückhalten, damit er nicht ständig läuft?
- dass die Nase bei großer Kälte auch ohne Schnupfen läuft?
- dass man Pupser auch Winde nennt?

Manche Pupser stinken wie faule Eier!

Warum stinken manche Pupser so?

Manche Pupser riechen gar nicht. Andere sind dagegen wahre Stinkbomben! Sie bestehen nicht nur aus verschluckter Luft, sondern auch aus vielen übel riechenden Gasen. Diese haben sich bei der Verdauung gebildet. Besonders viele stinkige Pupser gibst du von dir, wenn du zum Beispiel Kohl, Bohnen, Erbsen oder frisches Brot gegessen hast. Diese Speisen sind schwer verdaulich. Da solltest du zum Pupsen doch lieber auf die Toilette gehen!

Körpergeräusche

Warum ist Rülpsen peinlich?

Wenn du beim Essen und Trinken ganz viel Luft schluckst, kann ein Rülpser entstehen. Babys sollen sogar nach einer Mahlzeit ein »Bäuerchen« machen. Sie werden dafür auch noch gelobt! Bei Älteren gilt das dagegen als unanständig. Besser, du stößt nur ganz leise und mit geschlossenem Mund auf.

Wie geht mein Schluckauf wieder weg?

Ein Schluckauf kann ganz schön lästig werden! Meist hört er aber genauso plötzlich wieder auf, wie er begonnen hat. Oft verschwindet er, wenn man einfach gar nicht mehr an ihn denkt. Es kann auch helfen, die Luft anzuhalten oder sich zu überlegen, was man vorgestern so alles gegessen hat.

Wusstest du,

- dass besonders viel Luft in deinen Bauch kommt, wenn du hastig isst oder Getränke mit Kohlensäure trinkst?
- dass bei einem Rülpser Luft durch die Speiseröhre nach oben steigt? Der Luftstrom bringt die Stimmbänder zum Schwingen. Und da ist er, der »ööörp«.
- dass Pupsen ganz normal ist? Acht bis zehn Pupser muss jeder Mensch pro Tag loswerden.

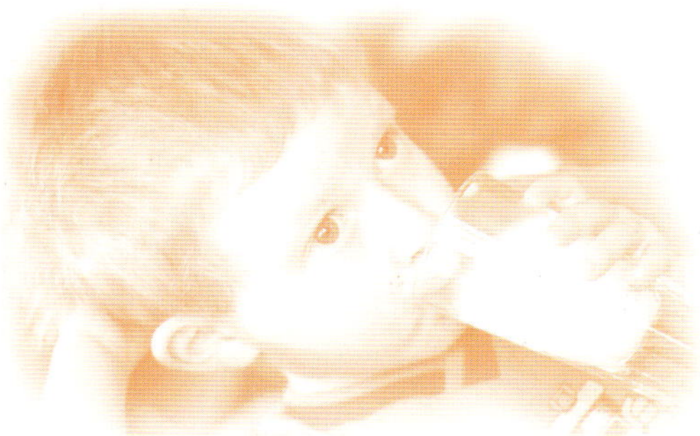

Wenn du zu schnell trinkst, kannst du einen lästigen Schluckauf bekommen.

Warum pupst man?

Beim Essen und Trinken schluckst du auch Luft hinunter. Diese Luft muss wieder raus aus deinem Körper. Ist die Luft noch im Magen, kommt sie über die Speiseröhre als Rülpser heraus. Der Rest der geschluckten Luft sammelt sich im Darm und vermischt sich mit Gasen, die während der Verdauung entstehen. Kann dein Schließmuskel am Po diese Luft nicht zurückhalten, musst du … pupsen. Aber nicht vor den anderen!

Schlaf & Träume

Ist Gähnen wirklich ansteckend?

Wenn man müde ist, arbeitet das Herz schwächer und alle Organe werden schlechter mit Sauerstoff versorgt. Dann gibt das Gehirn den Befehl zum Gähnen: Einmal tief Luft holen! So kommt wieder mehr Sauerstoff in den Körper und damit auch ins Gehirn. Und ob Gähnen ansteckend ist, kannst du nun selber testen!

Muss man überhaupt schlafen?

Immer wenn es am schönsten ist, muss man schlafen gehen. Ist doch wirklich ungerecht! Doch bedenke: Schlafen ist lebensnotwendig. Im Schlaf erholen sich Körper und Gehirn. Zu wenig Schlaf macht Menschen krank. Und Kinder brauchen mehr Schlaf als Erwachsene, damit sie wachsen und lernen können.

Wusstest du,

- dass die meisten Träume nur wenige Minuten dauern?
- dass wahrscheinlich auch Tiere träumen? Manchmal bewegen etwa Katzen ihre Pfoten im Schlaf so, als würden sie Mäuse jagen.
- dass wir etwa ein Drittel unseres Lebens verschlafen?
- dass es Menschen gibt, die nachts schlafend durch die Gegend irren? Man nennt sie Schlafwandler.

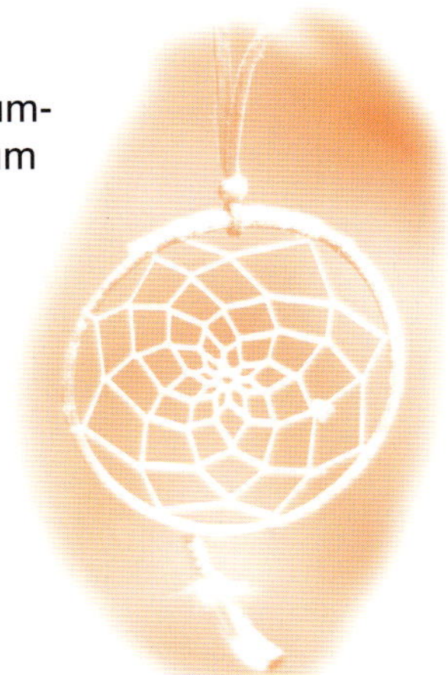

Die Indianer hängen Traumfänger auf, um die schlechten Träume zu fangen.

Wie kommen die Monster in meinen Traum?

Träume sind für unsere Gesundheit sehr wichtig. Sie helfen uns, Probleme zu lösen, Eindrücke und Stress besser zu verarbeiten. Es gibt wunderschöne, aber auch ganz schreckliche Träume, so genannte Albträume. Dann träumt man zum Beispiel von Monstern, traurigen Situationen oder wilden Verfolgungsjagden. Oft sind Kummer, Schulstress, Probleme mit den Eltern oder Krankheiten Gründe für Albträume. Wenn du häufig Albträume hast, brauchst du unbedingt Hilfe!

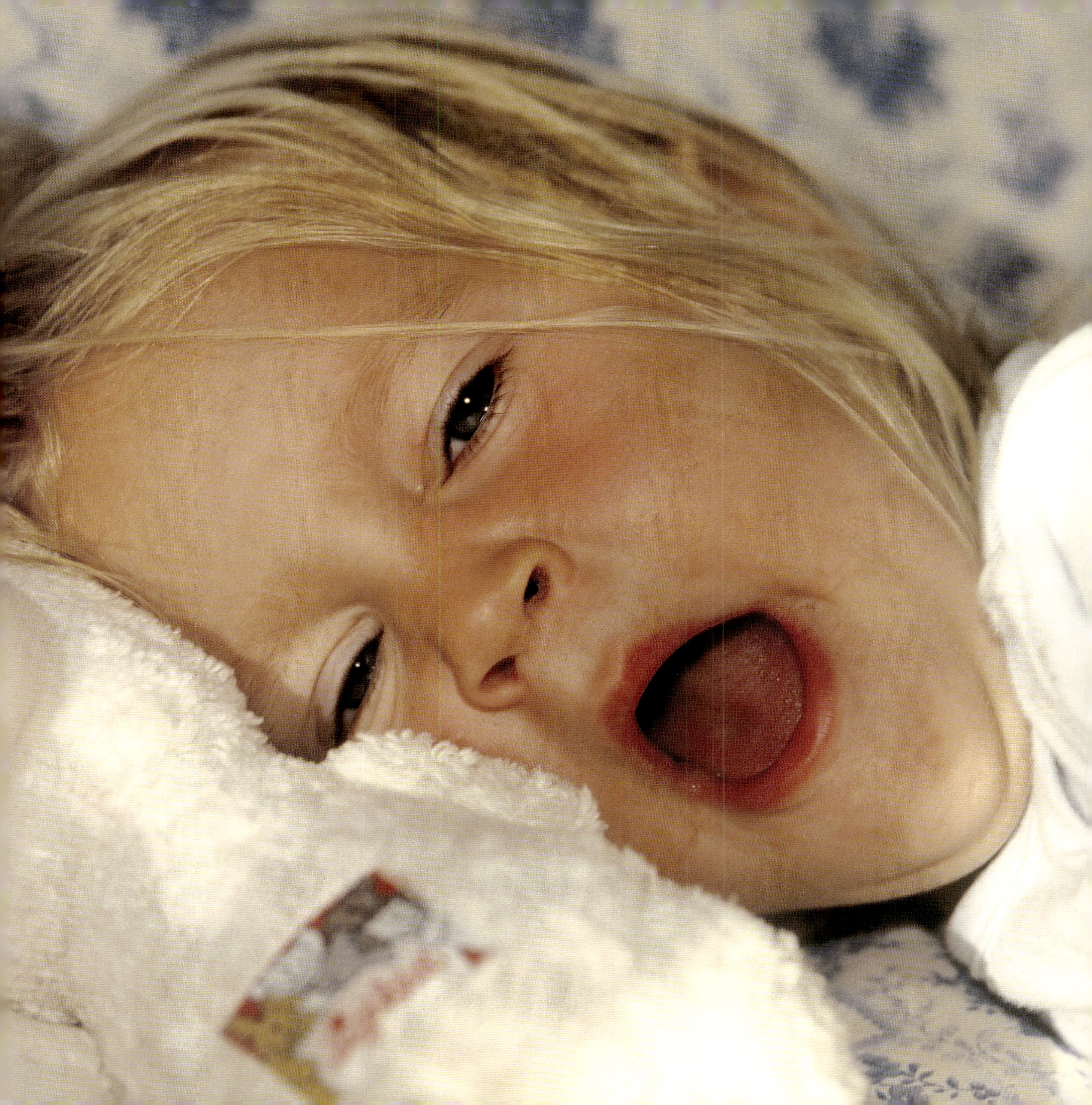

Schnarchen

Warum schnarcht man?

Um die wilden Tiere zu vertreiben? Nein! Schnarcher haben meist verengte Atemwege. Dadurch wird ihnen das Atemholen im Schlaf erschwert. Liegen sie beim Schlafen auf dem Rücken und Atmen durch den geöffneten Mund, schwingt der Gaumen. So entsteht das typische Schnarchgeräusch.

Warum werden Schnarcher von ihrem Schnarchen nicht wach?

Schläft man nicht sehr tief, kann man sich selbst noch hören. Dann kann man von seinem eigenen Schnarchen wach werden. Viele Menschen schnarchen aber im Tiefschlaf. In dieser Phase schläft man tief und fest. Fast nichts kann einen wecken.

Wusstest du,

- dass ältere Menschen häufiger schnarchen als jüngere?
- dass Schnarchen so laut wie ein Presslufthammer sein kann?
- dass es Schlaflabore gibt? Hier können Schnarcher ihren Schlaf von Schlafforschern genau untersuchen lassen.
- dass das Gaumensegel tagsüber verhindert, dass beim Essen Nahrung oder Flüssigkeit in die Nase gelangt?

Bist du erkältet und kannst nicht durch die Nase atmen, schnarchst du im Schlaf.

Schnarchen auch Kinder oder nur Papas?

Sehr viele Menschen schnarchen. Das sind aber vor allem Männer und Frauen. Doch ab und zu schnarchen auch Kinder. Meist sind sie dann erkältet oder haben vergrößerte Mandeln. Das Schnarchen hört auf, wenn sie wieder gesund sind. Bei Erwachsenen stört Schnarchen nicht nur, es kann auch gefährlich sein. Denn beim Schnarchen kann die Atmung aussetzen. Schnarchen Männer oder Frauen regelmäßig, sollten sie sich von einem Hals-Nasen-Ohren-Arzt untersuchen lassen.

Angst

Bin ich ein Angsthase?

Jeder Mensch hat auch manchmal Angst. Bestimmte Ängste sind sogar lebensnotwendig. Denn Angst schützt uns vor Gefahren. Wahrscheinlich ist jeder schon mal Angsthase genannt worden. Und weißt du was? Der Hase ist gar kein Angsthase. Im Gegenteil! Er ist ein schlaues Fluchttier.

Oh Schreck, was steht da im Dunkeln?

Viele Kinder fürchten sich im Dunkeln. Nun sind die Gegenstände nicht mehr gut zu erkennen. Alles sieht so unheimlich aus. Da steht doch nicht der Schrank – das ist bestimmt ein böser Wolf! Oft macht uns das am meisten Angst, was wir uns selbst ausgedacht haben. Ein Nachtlicht nimmt dir die Angst vor der Dunkelheit.

Wusstest du,

- dass sich Ängste im Laufe des Lebens ändern?
- dass man seine Angst häufig mit Mut und kleinen Tricks überwinden kann?
- dass die Angst meist sofort viel kleiner wird, wenn man den Mut hat, Freunden oder den Eltern von ihr zu erzählen?
- dass schon Steinzeitmenschen den Angstreflex kannten, zum Beispiel beim Anblick eines gefährlichen Tieres?

Manche Menschen fürchten sich sehr bei Gewitter.

Warum pocht mein Herz vor Angst ganz laut?

Dein Freund kommt mit seinem Fahrrad direkt auf dich zugefahren. Sieht er dich etwa nicht? Sofort schlägt dein Herz schneller und pumpt mehr Blut durch die Adern. Dadurch hörst du es lauter schlagen. Auch dein Atem wird schneller und du fängst an zu schwitzen. Schuld daran ist der Angstreflex. Er sorgt dafür, dass du in kürzester Zeit ganz stark und sehr schnell bist. Dass du jetzt zum Beispiel ganz schnell zur Seite springst. Ganz automatisch, ohne groß darüber nachzudenken.

Körpertemperatur

Wieso klappern bei Kälte meine Zähne?

Bären mit ihrem kuschelig warmen Fell klappern bei Kälte nicht mit den Zähnen. Doch wir Menschen mit unserer dünnen Haut müssen schon einige Tricks anwenden, um dann nicht zu frieren. Unser Körper versucht etwa, sich durch stärkere Bewegung selbst zu wärmen. Und fängt an zu zittern oder mit den Zähnen zu klappern.

Warum muss ich manchmal schwitzen?

Wenn es draußen heiß ist, frierst du überhaupt nicht. Im Gegenteil: Du kommst ganz schön ins Schwitzen! Das ist gut so, denn ohne Schweiß würde dein Körper nun »heißlaufen«. Der Schweiß trocknet auf der Hautoberfläche und kühlt dadurch deinen Körper.

Wusstest du,

- dass der Schweiß über winzig kleine Löcher aus der Haut austritt? Das sind die Schweißdrüsen.
- dass die Schweißdrüsen ungleichmäßig verteilt sind? In der Achselhöhle hat man viele, am Popo nur wenige.
- dass man auch vor Angst schwitzen kann?
- dass man zu hohes Fieber durch kalte Wadenwickel oder Medizin senken kann?

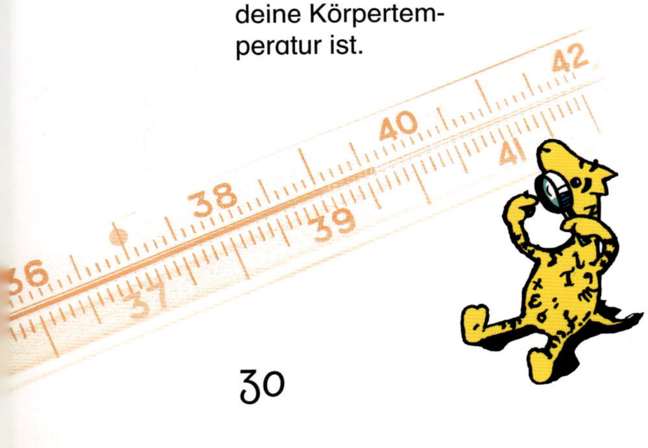

Ein Fieberthermometer zeigt an, wie hoch deine Körpertemperatur ist.

Und wieso ist Fieber gut?

Gesunde Kinder haben eine Körpertemperatur von etwa 37 Grad Celsius. Zeigt das Fieberthermometer 38 Grad Celsius oder mehr an, dann hast du Fieber. Indem dein Körper seine Temperatur so stark hochfährt, versucht er, sich gegen Krankheitserreger zu wehren. Denn ab einer bestimmten Temperatur können sich Viren und Bakterien kaum noch vermehren und lassen sich leichter abtöten. Fieber ist also gut und wichtig. Aber wenn das Fieber zu hoch wird, kann es gefährlich werden.

Kurioses aus dem Alltag

Naschereien 34

Warum wackelt Wackelpudding?
Wird Kaugummi aus Gummi gemacht?
Wie kommt das Eis an den Stiel?

Knabbereien 36

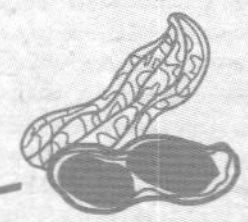

Wie kommt das Salz auf die Salzstangen?
Wie kommt die Erdnuss in die Flips?
Warum kann Popcorn springen?

Käse 38

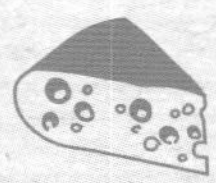

Wie kommen die Löcher in den Käse?
Warum ist Käse gelb oder weiß?
Wieso darf man Schimmelkäse essen?

Flüssiges 40

Wie kommen die Perlen ins Wasser?
Wieso macht man Tee mit heißem Wasser?
Warum ist Cola nicht gesund?

Seife 42

Warum macht Seife sauber?
Wieso schäumt Seife?
Und weshalb brennt Seife in den Augen?

Haushalt 44

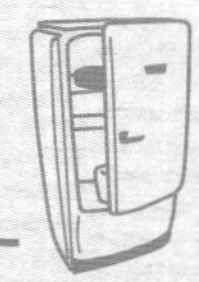

Wer macht das Licht im Kühlschrank an?
Wie wird Reis in der Mikrowelle warm?
Und wie kommt die Kälte in den Gefrierschrank?

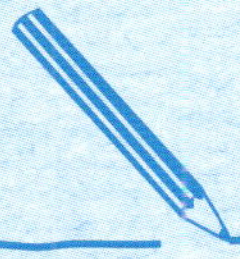

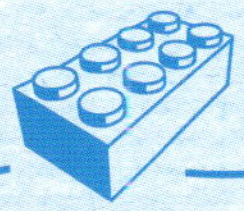

Naschereien

Wusstest du,

- dass Gelatine durchsichtig ist und nach gar nichts schmeckt?
- dass es auch Gummibärchen ohne Gelatine gibt?
- dass die Menschen schon immer gerne auf etwas herumgekaut haben, ohne es runterzuschlucken? Früher kauten sie auf Harz, Gräsern oder Körnern.
- dass das Ausspucken von Kaugummi in manchen Ländern hart bestraft wird?

Warum wackelt Wackelpudding?

Weil Gelatine drin ist! Gelatine wird aus gekochten Knochen, Häuten und Sehnen von Tieren hergestellt. Gelatine macht nicht nur den Wackelpudding so schön wackelig. Sie ist auch in vielen anderen Lebensmitteln enthalten. Dank ihr lassen sich Gummibärchen biegen und Lakritzschnecken auseinanderwickeln.

Wird Kaugummi aus Gummi gemacht?

Früher wurde Kaugummi tatsächlich aus Gummi hergestellt. Es bestand aus dem milchig-weißen Saft eines Baumes, der im Dschungel von Mittelamerika wächst. Lässt man den Baumsaft hart werden, erhält man einen natürlichen Gummi zum Kauen. Heute wird die Kaumasse aber meist künstlich hergestellt.

Süßigkeiten beinhalten viel Zucker. Wenn man zuviel davon isst, wird man dick.

Wie kommt das Eis an den Stiel?

Der Holzstiel kommt in das Eis, bevor es gefroren ist. Das kannst du selber ausprobieren: Nimm deinen Lieblingsjoghurt und schieb einfach einen Stiel durch den Deckel in den Joghurt hinein. Nun stellst du den Joghurt über Nacht in das Gefrierfach eures Kühlschranks. Fertig ist ein leckeres (Joghurt-)Eis am Stiel. Auch aus Fruchtsäften kannst du ganz leicht Eis zaubern. Einfach Fruchtsaft in eine Eisform füllen, anfrieren, Stiel hineinstecken, gefrieren – fertig!

Knabbereien

Wie kommt das Salz auf die Salzstangen?

Zuhause benutzt du zum Salzen bestimmt einen Salzstreuer. Auch in den Fabriken, in denen Salzstangen hergestellt werden, gibt es riesige Salzstreuer. Diese streuen die Salzkörner auf den noch nassen Salzstangenteig: So bleiben die Salzkörnchen an den Stangen haften. Erst jetzt werden die Stangen gebacken.

Wie kommt die Erdnuss in die Flips?

Die Erdnüsse kommen erst ziemlich spät in die Flips. Zuerst muss man einen Maisteig herstellen. Der wird auch schon »flipsig« geformt. Auf diese Flips, die noch gar nicht nach Erdnussflips schmecken, kommt dann eine Sauce aus Erdnüssen und Erdnussöl. Und fertig sind die Erdnussflips!

Wusstest du,

- dass in den Kinos häufig »Popcornfilme« laufen? So nennt man auch Filme, die die Zuschauer unterhalten, aber nicht zum Nachdenken anregen.
- dass es ungesalzenes, gesalzenes und gezuckertes Popcorn gibt? In Amerika wird Popcorn häufig mit geschmolzener Butter serviert.
- dass sich Sandkuchen (der aus dem Sandkasten!) aus feuchtem Sand besser formen lässt und er viel länger hält?

Salzstangen und Kartoffelchips sind beliebte Snacks.

Warum kann Popcorn springen?

Plopp, plopp, plopp. Bereitest du Popcorn zu, springen die Maiskörner nach einiger Zeit lustig durch die Gegend. Das liegt daran, dass sich beim Erhitzen das Wasser in den Maiskörnern ausdehnt. Nach einigen Minuten hat das Wasser keinen Platz mehr und die harte Schale hält dem Druck nicht mehr stand: Sie platzt auf. Jetzt springen die Maiskörner wild in der Popcornmaschine oder in eurem Topf herum. Heb nur nicht zu früh den Deckel, denn dann fliegen dir die Maiskörner um die Ohren!

Käse

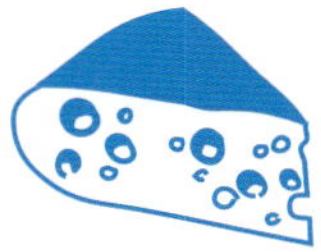

Wie kommen die Löcher in den Käse?

Waren da Bohrer am Werk? Oder etwa Mäusezähne? Nein, die Löcher kommen bei einem Vorgang, der Gärung heißt, in den Käse. Dabei entsteht Kohlensäure, die du vom Mineralwasser kennst. Auch im Käse bilden sich Luftbläschen, die aber nicht raus können. Aus ihnen werden dann die Löcher im Käse.

Warum ist Käse gelb oder weiß?

Käse wird aus Milch von Kühen, Schafen, Ziegen oder Büffeln hergestellt. Und Milch hat – wenn du genau hinschaust – eine gelbliche Farbe. Schau dir einmal die Käsetheke im Supermarkt genau an: Du wirst dort auch Käse mit bläulicher Verfärbung finden. Ist das etwa Schimmel?

Wusstest du,

- dass Mäuse gar keinen Käse essen? Es ist der Geruch, der sie anlockt.
- dass man die Löcher im Käse sogar hören kann, wenn man auf die Rinde des Käses klopft? Ein Käse mit vielen Löchern klingt dann richtig hohl!
- dass Käse im Sommer dunkler ist als im Winter? Im Sommer fressen die Kühe mehr Gras auf der Weide. Und im Gras ist ein Farbstoff (Carotin), der den Käse gelb macht.

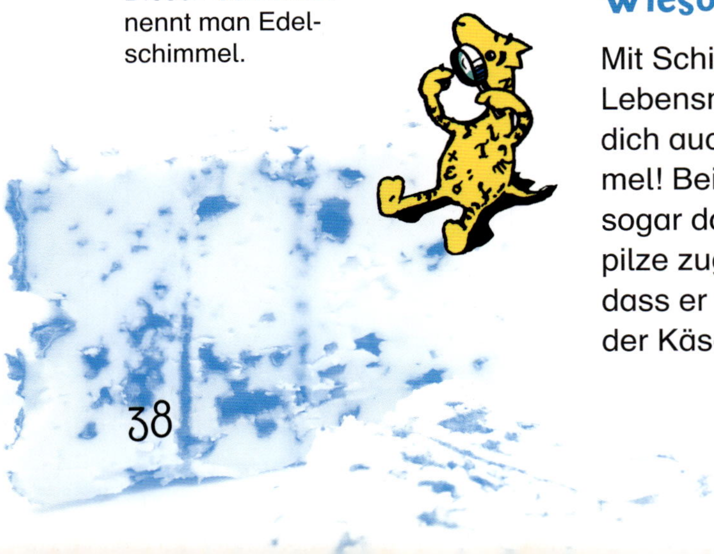

Diesen Schimmel nennt man Edelschimmel.

Wieso darf man Schimmelkäse essen?

Mit Schimmel befallenes Essen solltest du wegwerfen. Diese Lebensmittel sehen nämlich nicht nur eklig aus, sondern können dich auch krank machen. Doch Schimmel ist nicht gleich Schimmel! Bei Camembert oder Blauschimmelkäse gehört Schimmel sogar dazu. Ihnen wurden beim Reifen absichtlich Schimmelpilze zugegeben. Der Käse ist dadurch nicht so verschimmelt, dass er verdorben ist. Im Gegenteil: Durch den Schimmel erhält der Käse erst seinen richtig leckeren Geschmack.

Flüssiges

Wie kommen die Perlen ins Wasser?

Bei den aufsteigenden Bläschen, die du im Mineralwasser sehen kannst, handelt es sich um Kohlensäure. Einige Mineralwässer enthalten bereits von Natur aus Kohlensäure. Meistens wird aber bei der Abfüllung Kohlensäure dazu gegeben, damit das Wasser erfrischend schmeckt und es richtig schön sprudelt.

Wieso macht man Tee mit heißem Wasser?

Erst durch das heiße Wasser lösen sich die Inhaltsstoffe des Tees auf. Was in Tee so alles drin ist? Vitamine, Mineralstoffe, Gerbsäuren, die den Tee bitter machen, und – außer in Kräuter- und Früchtetees – auch Koffein. Dadurch macht Tee munter. Koffein befindet sich auch in Kaffee und Cola.

Wusstest du,

- dass Mineralwasser aus der Erde sprudelt? Es kommt aus unterirdischen Quellen.
- dass man Kräuter- und Früchtetees unbedingt mit heißem Wasser aufgießen und mindestens 5 Minuten ziehen lassen soll? So werden alle Keime (Bakterien, Pilze) abgetötet.
- dass man Cola auch zum Entrosten verwenden kann? In Cola sind verschiedene Säuren, die von einem Nagel den Rost ablösen.

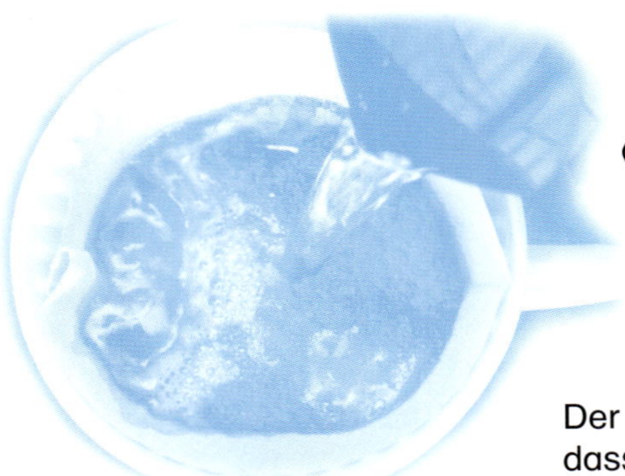

Der Filter verhindert, dass das Kaffeepulver in die Tasse gelangt.

Warum ist Cola nicht gesund?

Cola schmeckt dir vielleicht gut, aber gesund ist sie bestimmt nicht! Denn Cola enthält viel Zucker, der nicht nur dick macht, sondern auch schlecht für deine Zähne ist. Zudem ist in Cola sehr viel Kohlensäure. Dadurch bläht sich dein Magen auf und du kannst Bauchschmerzen bekommen. Und dann enthält Cola noch Koffein. Dieses verursacht bei Kindern Schlafstörungen, Herzklopfen und Magenprobleme.

Seife

Warum macht Seife sauber?

In einem Stück Seife sind Bestandteile mit einem ganz komischen Namen: die Tenside. Diese Tenside kriechen unter den Schmutz und lösen ihn von der Haut. Dann umzingeln die Tenside das Schmutzteilchen und schwimmen mit ihm im Wasser. Und deine Finger sind wieder sauber!

Wieso schäumt Seife?

Wäschst du dir deine Hände oder deinen Körper mit Seife, dann schäumt es oft richtig schön. Es entstehen ganz viele kleine Seifenblasen. Die Seifenblasen sind mit Luft gefüllt. Sie platzen nicht so schnell, weil in der Seife die Tenside sind. Diese legen sich wie eine dünne Hülle um die Luftblasen.

Wusstest du,

- dass du Wasser bewegen musst, um Schaum zu erhalten? Lässt du die Seife einfach nur ins Wasser plumpsen, gibt es auch keinen Schaum.
- dass nicht nur in Seifen, sondern auch in Spül- und Waschmitteln Tenside vorkommen? Das steht auch auf der Verpackung. Findest du es?
- dass es Seife schon sehr lange gibt? Früher konnten sich nur wohlhabende Menschen Seife leisten.

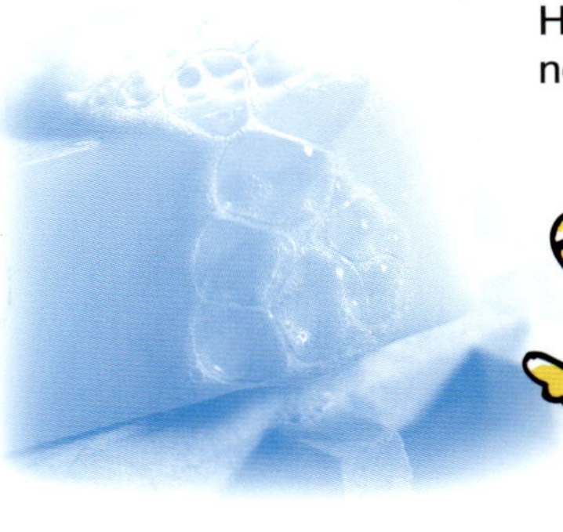

Die Seifenblasen platzen, weil ihre Haut nach und nach dünner wird.

Und weshalb brennt Seife in den Augen?

Baden könnte so viel Spaß machen! Wäre da nur nicht die Seife, die manchmal so schrecklich in den Augen brennt! Wenn sich Seife in Wasser auflöst, entsteht eine Flüssigkeit, die man Lauge nennt. Laugen haben eine »ätzende« Wirkung. Sie können in den Augen oder auf der Haut ein Brennen hervorrufen. Da Seifenlauge eine schwache Lauge ist, spürst du das Brennen nur an empfindlichen Stellen wie den Augen. Es hilft, wenn du diese dann mit klarem Wasser gründlich ausspülst.

Haushalt

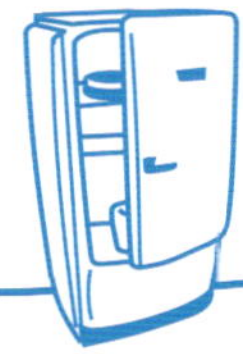

Wer macht das Licht im Kühlschrank an?

Wenn du den Kühlschrank öffnest, geht das Licht an. Schließt du ihn, geht es wieder aus. Wer es wohl ausknipst? Etwa die Tomate? Nein, das Licht schaltet sich automatisch aus, sobald die Tür geschlossen wird. Die Tür drückt beim Zuklappen auf einen Schalter und schon ist es dunkel im Kühlschrank!

Wie wird Reis in der Mikrowelle warm?

Im Innern der Mikrowelle werden Wellen erzeugt, so genannte Mikrowellen. Du kannst sie weder sehen noch hören oder fühlen. Die Mikrowellen erhitzen das Wasser im Essen, also auch in deinem Reis. Damit der Reis gleichmäßig warm wird, steht er auf einem Drehteller.

Wusstest du,

- dass viele Geräte für den Haushalt erst in den letzten 100 Jahren erfunden wurden?
- dass früher die Menschen ihre Lebensmittel frisch hielten, indem sie diese in Eis lagerten?
- dass man zu einer eingeschalteten Mikrowelle Abstand halten soll?
- dass Mikrowellen nur Wasser erwärmen? Darum bleiben Gegenstände ohne Wasser (wie das Geschirr) kalt.

Im Kühlschrank bleiben Lebensmittel länger frisch.

Und wie kommt die Kälte in den Gefrierschrank?

Dazu musst du wissen: Flüssigkeit, die verdampft, entzieht ihrer Umgebung Wärme. In einem Kühlschrank und auch in einem Gefrierschrank fließt ein Kältemittel. Das Kältemittel verdampft und entzieht dabei dem Innenraum die Wärme: In den Geräten wird es kalt. Das Kältemittel verflüssigt sich wieder und der Kühlkreislauf beginnt von neuem. Die entzogene Wärme wird über die Rückwand nach außen abgegeben. Darum ist es hinter den Geräten oft ziemlich warm.

Stifte

Wie kommt die Mine in den Buntstift?

Für Buntstifte und auch für Bleistifte werden die Minen zwischen zwei Holzbrettchen mit Rillen gelegt. Die Holzbrettchen werden dann zusammengeklebt. Eine Maschine schneidet jetzt daraus die runden Stifte. Schau genau hin: Oft kann man noch sehen, wo der Stift zusammengeklebt ist.

Enthalten Bleistifte wirklich Blei?

Weißt du denn, was Blei ist? Blei ist ein Metall, das an der Luft grau anläuft und sehr weich ist. Auf Papier hinterlässt es einen dunklen Strich. Darum hat man früher mit Blei geschrieben. Heute enthalten Bleistifte kein Blei mehr, sondern ein Gemisch aus ungiftigen Stoffen: aus Ton und Graphit (das ist ein Mineral).

Wusstest du,

- dass die Bleistifte in einem Holzmantel stecken, weil Graphit sehr zerbrechlich ist?
- dass ein Bleistift umso weicher und schwärzer schreibt, je mehr Graphit in dem Stift steckt?
- dass Tafelkreide meistens aus Gips hergestellt wird?
- dass die größte Buntstiftfabrik der Welt in Brasilien steht? Hier werden täglich bis zu fünf Millionen Stifte hergestellt.

In guten Wachsmalstiften ist echter Bienenwachs drin.

Warum kann man Kugelschreiber nicht wegradieren?

Bleistifte sind echt klasse: Wenn man doch einmal etwas falsch geschrieben hat, kann man einfach alles wegradieren. Das funktioniert bei Kugelschreibern nicht. Sie enthalten als Schreibmittel eine Paste. Diese Paste lässt sich nicht wegradieren. Und außerdem verblasst sie nicht. Man sagt, sie ist dokumentenecht. Über eine rollende Kugel wird die Paste auf das Papier aufgetragen. Kugelschreiber haben gegenüber Bleistiften aber auch einen großen Vorteil: Man muss sie nicht anspitzen!

Klebriges

Wieso klebt Kleber nicht in der Tube fest?

Der Klebstoff klebt auch in der Tube, aber er wird nicht hart. Klebstoff braucht nämlich Luft, um fest zu werden. Lässt du die Tube allerdings offen, kommt Luft an den Klebstoff und nach kurzer Zeit klebt oben an der Öffnung alles zu. Also immer dran denken: Nach dem Gebrauch den Deckel wieder auf die Tube drehen!

Warum kleben Briefmarken?

Viele Briefmarken musst du mit der Zunge ablecken, damit sie kleben. Sie haben auf der Rückseite eine dünne Schicht Klebstoff. Man sagt, sie sind gummiert. Dieser Kleber ist wasserlöslich. Er wird erst klebrig, wenn du ihn befeuchtest. Andere Briefmarken kleben wie Sticker: Einfach abziehen und aufkleben.

Wusstest du,

- dass die Menschen früher den Harz von Tannenbäumen als Kleber benutzt haben?
- dass heute in den meisten Klebstoffen keine Baumharze mehr sind, sondern künstliche Harze? Diese kleben nicht nur besser, sie halten auch viel länger.
- dass viele Kleber schädliche Lösungsmittel enthalten? Deshalb gibt es extra Klebstoff für Kinder, der lösungsmittelfrei und ungiftig ist.

Viele Briefmarken muss man erst ablecken, damit sie kleben.

Und warum ist Zucker klebrig?

Zucker besteht aus kleinen weißen Körnchen, den Zuckerkristallen. Diese Körnchen können ihre Form verändern. Kommen sie mit Feuchtigkeit in Verbindung, lösen sie sich auf und werden klebrig. Zucker klebt also nur, wenn er nass gemacht wird. Unsere Handflächen geben ja auch Feuchtigkeit ab. Darum klebt Zucker an den Fingern. Zucker kannst du beim Backen auch als Kleber verwenden, den du sogar essen kannst! Hast du schon einmal ein Lebkuchenhaus gebaut?

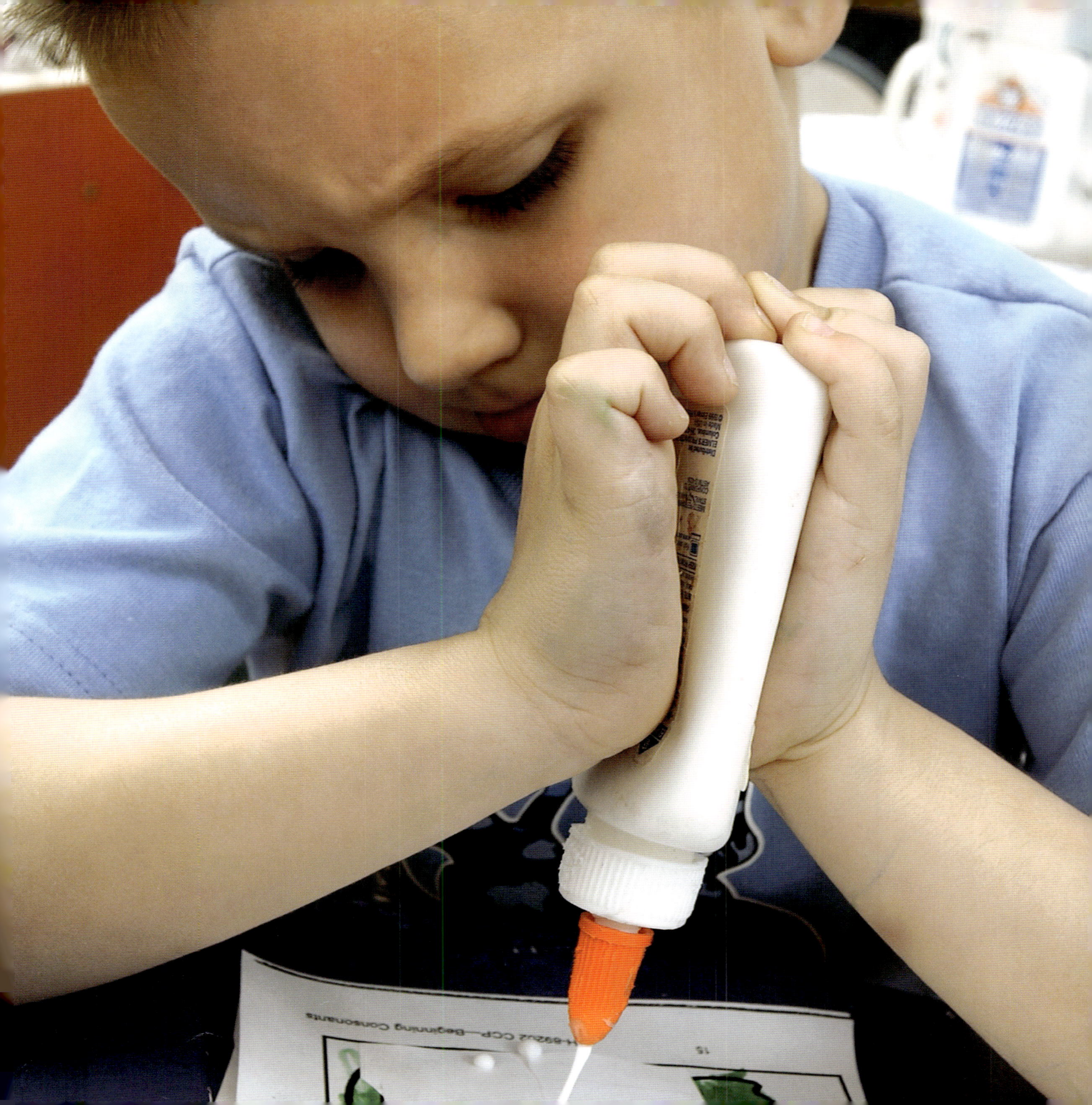

Beginning Consonants
15

Materialien

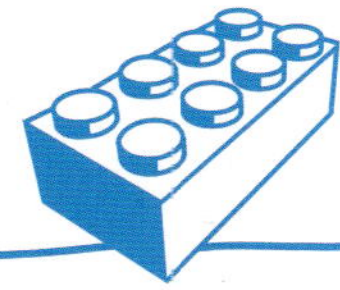

Woraus werden Legosteine hergestellt?

Legosteine bestehen aus Kunststoff. Kunststoffe begegnen dir überall. Du findest sie zum Beispiel am Computer oder in Verpackungen wie Joghurtbechern und Wasserflaschen. Die meisten Kunststoffe werden aus Erdöl gewonnen. Kunststoffe sind sehr stabil. Darum gehen Legosteine eigentlich nie kaputt.

Wo kommt die Wolle her?

Wolle stammt meist vom Fell der Schafe. Die Tierhaare werden gewaschen, gefärbt und getrocknet. Nun werden sie zu langen Wollfäden gesponnen, aus denen Stoffe gewebt werden können. Baumwolle aber wächst auf Sträuchern. Hier werden die Pflanzenfasern zu Garn verarbeitet.

Wusstest du,

- dass Milchglas keine Milch enthält? Es hat seinen Namen von seiner »milchigen« Farbe.
- dass man Kunststoffe wiederverwerten kann? Darum sammeln wir Gegenstände aus Kunststoff in der gelben Tonne.
- dass sich »Lego« aus den dänischen Wörtern »leg godt« zusammensetzt? Auf deutsch bedeutet das »spiel gut«.
- dass auch Ziegen, Kaninchen und Lamas Wolle liefern?

Aus Legosteinen kannst du ganz viele verschiedene Dinge zusammenbauen: Burgen, Autos, Raumschiffe …

Warum ist Glas durchsichtig?

In undurchsichtigen Stoffen wie Eisen oder Stahl herrscht ein richtiges Chaos. Winzige Teilchen, die Elektronen, schwirren pausenlos wild durcheinander. Fällt auf diese Stoffe ein Lichtstrahl, stößt er an die Elektronen und findet nicht mehr hinaus. Er wird »geschluckt«. Bei Glas ist das anders. Hier geht jedes Elektron eine Verbindung mit einem anderen Teilchen ein. Es entstehen winzige Hohlräume, die das Licht ungehindert durchdringen kann. Erst durch das Licht wird Glas durchsichtig.

Papier

Wo wächst Papier?

Papier wächst nicht auf Bäumen, aber man braucht sie dafür! Erfunden wurde es vor etwa 2000 Jahren in China. Die Chinesen zerstampften Baumrinde, Hanf oder Stoffreste und gaben Wasser hinzu. Aus dem Brei schöpften sie mit einem Sieb eine dünne Schicht, die sie an der Sonne trockneten: Fertig war das Papier.

Wieso kann man Papier zerknüllen?

Heute wird Papier fast immer aus Holz hergestellt. Manchmal kann man die einzelnen Holzfasern sogar sehen. Wenn du Papier vorsichtig biegst, passiert noch nichts. Doch wenn du das Papier zerknüllst, brechen die kleinen Holzfasern durch. Sie sind dann kaputt. Jetzt hilft auch kein Bügeln oder Pressen mehr!

Wusstest du,

- dass die Chinesen das Verfahren zur Papierherstellung mehrere Jahrhunderte lang streng geheim hielten?
- dass die Menschen zu schreiben begannen, lange bevor Papier erfunden wurde? Sie schrieben auf flachen Steinen, Ton- und Wachstäfelchen, Baumrinde oder auf Holz.
- dass die Papierfasern beim recyceln immer dünner werden? Darum kann man Papier nur 6- bis 7-mal wiederverwerten.

Ist Papier einmal zerknüllt, wird es nicht wieder glatt.

Warum sammeln wir altes Papier?

Papier ist einfach klasse: Es lässt sich bemalen, bekleben, zerschneiden, falten … Inzwischen gibt es Papier für alle möglichen Zwecke: Schreibpapier, Toilettenpapier, Karton, Krepppapier. Auch unsere Geldscheine sind aus Papier. Doch weil wir so viel Papier brauchen, sind unsere Wälder bedroht. Denn wie du ja schon weißt, wird Papier aus Holz gemacht. Darum sammeln wir gebrauchtes Papier, um es erneut zu zerfasern und zu neuem Papier zu verarbeiten. Diesen Vorgang nennt man Recycling.

Spielzeug

Warum kommt der Bumerang zurück?

Richtig geworfen saust ein Bumerang blitzschnell durch die Luft. Und wenn er sein Ziel verfehlt und nirgendwo anstößt, kommt er im großen Bogen zu seinem Werfer zurück. Das liegt daran, dass er eine ganz bestimmte gebogene Form hat. Die meisten Bumerange sind deshalb krumm wie eine Banane.

Weshalb brummt der Brummkreisel?

Je schneller sich der Kreisel dreht, desto lauter »brummt« er. Denn in dem Kreisel sind kleine Löcher. Durch diese Löcher strömt dann die Luft und lässt Metallzungen summen, die innen im Kreisel sind. Auch in einer Mundharmonika sind feine Metallzungen, die zu schwingen beginnen, wenn du hineinbläst.

Wusstest du,

- dass der Bumerang früher eine Waffe war? Die Ureinwohner Australiens verwendeten das Wurfholz als Jagdwaffe.
- dass man im Weltall nicht mit Yo-Yos spielen kann? Da dort keine Erdanziehungskraft herrscht, »weiß« der Yo-Yo nicht, wo oben und unten ist.
- dass der 6. Juni in Amerika als »Yo-Yo-Tag« gilt? Viele amerikanischen Kinder und Jugendliche treffen sich an diesem Tag zu Yo-Yo-Wettbewerben.

Mit einem Brummkreisel haben sicher schon deine Großeltern gespielt.

Wie funktioniert ein Yo-Yo?

Wenn du deine Hand geschickt bewegst, klettert der Yo-Yo an seiner Schnur nach oben und nach unten. Er kommt immer wieder hoch, weil er Schwung hat. Hältst du deine Hand ganz still, klettert er aber nicht mehr so hoch. Bis er faul liegen bleibt. Der Yo-Yo verliert beim Abrollen nämlich Energie. Lässt du den Yo-Yo jedoch nicht einfach abrollen, sondern gibst ihm zusätzlichen Schwung durch den Ruck deiner Hand, saust er wieder die Schnur bis nach oben.

Lustiges aus Tier- und Pflanzenwelt

Pflanzen

Wusstest du,

- dass die jungen Blätter von Brennnesseln noch keine Brennhaare besitzen? Darum kann man sie im Salat essen, ohne dass der Mund brennt.
- dass Pflanzen unter der Erde zu wachsen beginnen?
- dass in einer tiefen, dunklen Höhle keine Pflanzen wachsen können?
- dass die Wurzeln eines einzigen Baumes leicht ein Stück Straße zerstören können?

Warum brennt die Brennnessel?

Überall auf der Brennnessel sind viele feine Härchen. Am Ende jedes Härchens sitzt ein Köpfchen, das bei der kleinsten Berührung abbricht. Jetzt befindet sich hier eine scharfe Spitze, die sich leicht in die Haut bohrt. Aus ihr gelangt ein giftiger Saft in den Körper, der das unangenehme Brennen hervorruft.

Was essen Pflanzen?

Damit Pflanzen gut wachsen, brauchen sie Licht, etwas zu trinken (Wasser), Luft zum Atmen und genügend zu essen. Ihre Nahrung finden sie in der Erde. Denn die Erde ist voll von Nährstoffen. Sie enthält zum Beispiel Stickstoff, Schwefel und Eisen. Mit ihren Wurzeln nehmen Pflanzen diese Nährstoffe auf.

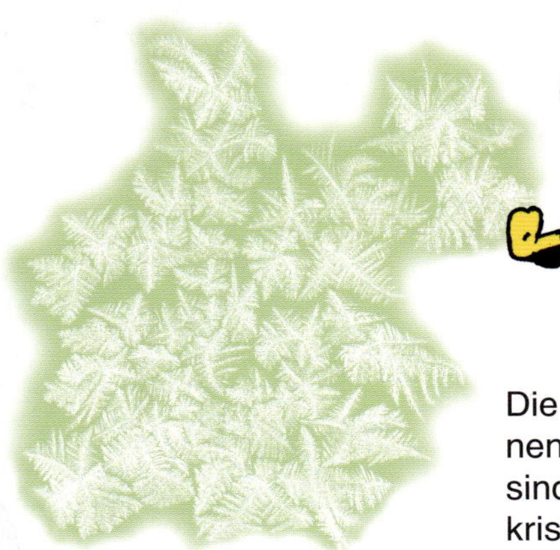

Die wunderschönen Eisblumen sind kleine Eiskristalle.

Wieso können Pflanzen durch die Straße wachsen?

Sehr stark sehen die meisten Pflanzen ja nicht aus. Meist sind sie eher klein und knicken leicht ab. Doch wenn du auf dem Gehweg genau hinschaust, siehst du bestimmt Pflanzen, die durch den Beton wachsen oder sogar Steinplatten anheben. Denn besonders die Wurzeln der Pflanzen können richtig viel Kraft aufbringen. Die Pflanzenspitze arbeitet dabei wie ein Bohrer. So bohrt sich auch eine kleine Pflanze durch den Straßenbelag (Asphalt) ihren Weg ans Tageslicht.

Pilze

Können Fliegenpilze fliegen?

Fliegenpilze können den stärksten Mann vom Sockel hauen. Denn sie sind sehr giftig. Fliegen können diese Pilze aber nicht! Sie heißen so, weil sie früher als Fliegenfalle benutzt wurden. Dazu wurden sie in Milch eingeweicht und aufgestellt. Die angelockten Fliegen waren schnell außer Gefecht gesetzt!

Tragen alle Pilze einen Hut?

Viele Pilze haben Hut und Stiel. Wie die leckeren Champignons. Es gibt aber auch Pilze, die keinen Hut tragen. Etwa Korallenpilze oder die edlen Trüffel. Die »Hutträger« haben unter ihrer Kappe so genannte Lamellen. In diesen Lamellen bilden sich die winzig kleinen Sporen, mit denen sich die Pilze fortpflanzen.

Wusstest du,

- dass Pilze im Herbst aus dem Boden schießen?
- dass sich Pilze von faulenden Tier- und Pflanzenresten ernähren?
- dass manche Pilze richtig witzige Namen haben? Da gibt es zum Beispiel die Stinkmorchel, den Erbsenstreuling oder den Scharlachroten Gitterling.
- dass Pilze gesunde Nahrungsmittel sind? Sie fördern zum Beispiel die Verdauung.

Viele Pilze wie dieser tragen einen Hut.

Sind Pilze Tiere?

Pilze laufen nicht, kriechen nicht, fliegen nicht. Zu den Tieren gehören sie also nicht. Sind Pilze vielleicht Pflanzen? Aber Pflanzen sind in der Regel grün und brauchen viel Licht, um zu wachsen. Pilze dagegen besitzen kein Blattgrün (Chlorophyll), sind also nicht grün. Und mit dem Sonnenlicht können sie gar nichts anfangen. Sie wachsen viel lieber im dunklen Schatten. In der Biologie bilden die Pilze neben der Pflanzen- und Tierwelt eine eigene Gruppe.

Tiere

Haben Tausendfüßer tausend Beine?

Wirklich tausend haben sie nicht. Doch immerhin bringen es einige Arten auf weit mehr als 600 Beine! Wenn die Schuhe kaufen müssten! Wofür brauchen sie so viele Beine? Wenn die lichtscheuen Tiere durch Laubberge kriechen, findet immer eines ihrer Beine irgendwo Halt.

Sind Schweine richtige Ferkel?

Im Gegenteil: Schweine sind sogar sehr saubere Tiere. Im Schlamm wälzen sie sich, um ihre Haut von lästigen Schmarotzern wie Läusen und Zecken zu befreien. Außerdem haben Schweine keine Schweißdrüsen und können deshalb nicht schwitzen. Sie brauchen im Sommer ein Schlammbad als Abkühlung.

Wusstest du,

- dass Tausendfüßer trotz der vielen Beine nicht über ihre Füße stolpern?
- dass auch Hundertfüßer nicht genau 100 Beine haben?
- dass Löwen ihre Beute nicht lange kauen, sondern in großen Brocken verschlingen? Auch darum bleiben kaum Fleischreste zwischen ihren Zähnen hängen.
- dass Hunde wirklich üblen Mundgeruch haben können?

Regenwürmer kriechen bei Regen aus der Erde.

Müssen auch Tiere Zähne putzen?

Nein, viel besser: Tiere lassen putzen! So schlüpfen etwa den Krokodilen kleine Vögel, die Krokodilwächter, ins Maul und picken die Fleischreste heraus. Auch viele große Fische haben lebendige Zahnbürsten. Die Putzerfische schwimmen in ihr geöffnetes Maul und halten ihre Zähne in Ordnung. Ganz schön gruselig! Andere Tiere wie beispielsweise die Löwen kommen ganz ohne Zahnbürsten aus. Die Lücken zwischen ihren Zähnen sind so groß, dass kaum Futter hängen bleiben kann.

Käfer

Was macht der Maikäfer im Juni?

Meist das gleiche wie im Mai: herumfliegen, viel fressen und sich vermehren. Maikäfer werden nicht sehr alt. Wenige Wochen nach dem Schlüpfen paaren sich Männchen und Weibchen. Bald danach sterben die Männchen. Die Weibchen graben sich tief in die Erde ein, legen dort rund 60 Eier und sterben dann auch.

Tragen Marienkäfer pro Jahr einen Punkt?

Nein, die Punkte haben mit dem Alter nichts zu tun. Marienkäfer haben ihr Leben lang immer gleich viele Punkte. Durch die Anzahl der Punkte lassen sich die verschiedenen Marienkäferarten unterscheiden. Es gibt zum Beispiel Marienkäfer mit 2, 5, 7 oder sogar 24 Punkten! Am bekanntesten ist der Siebenpunkt.

Wusstest du,

- dass Marienkäfer Ungeziefer fressen? Früher empfanden die Bauern sie als ein Geschenk der heiligen Maria – daher auch ihr Name.
- dass nicht alle Marienkäfer rot sind und schwarze Punkte haben? Es gibt auch Marienkäfer, die ganz andere Farben haben.
- dass Glühwürmchen ein »kaltes Licht« erzeugen? Sie werden beim Leuchten nicht heiß.

Im Kokon entwickelt sich der Käfer zu einem ausgewachsenen Insekt.

Warum leuchten Glühwürmchen?

In warmen Sommernächten kannst du am Waldrand und auf Wiesen oft viele kleine leuchtende Punkte sehen. Dieses Funkeln kommt nicht von geheimnisvollen Zauberwesen, sondern von Glühwürmchen. Das sind keine Würmer, sondern auch Käfer. Sie leuchten, damit sie sich im Dunkeln gegenseitig finden können. Da die Weibchen nicht fliegen können wie die Männchen, ist das nicht so leicht. Haben sich dann zwei gefunden, schalten sie ihr Licht aus und paaren sich in der Dunkelheit.

Schnecken

Wieso tragen Schnecken ihr Haus herum?

Ist es sehr kalt oder sehr sonnig, kann die Schnecke sich in ihr Häuschen zurückziehen und es hinter sich verschließen. Es schützt sie vor Austrocknung und auch vor Feinden. Denn so ein Schneckenhaus ist ganz schön hart! Außerdem sind in dem Schneckenhaus lebenswichtige Organe wie Herz und Lunge.

Ziehen Schnecken manchmal auch um?

Schnecken ziehen niemals um. Ihr Haus wird ihnen auch nie zu klein, denn es wächst mit. Eine Schnecke muss also nicht anbauen oder sich ein größeres Haus suchen, wenn sie größer und dicker wird. Findest du ein leeres Schneckenhaus, bedeutet das, dass die Schnecke, der es einmal gehörte, gestorben ist.

Wusstest du,

- dass Schnecken schon mit dem eigenen Haus zur Welt kommen?
- dass eine Schnecke ihr Haus selbst reparieren kann?
- dass Schnecken größtenteils aus Wasser bestehen? Darum müssen sie sich ständig vor dem Austrocknen schützen.
- dass Schnecken sogar über ein Messer kriechen können? Ihre Schleimschicht schützt sie vor Verletzungen.

Innen sind die meisten Schneckenhäuser wie eine Wendeltreppe gewunden.

Und wo wohnen Schnecken ohne Haus?

Es gibt Gehäuseschnecken und Nacktschnecken. Gehäuseschnecken tragen ihr Haus auf dem Rücken. Nacktschnecken haben dagegen kein Haus. Sie tragen ihre Organe im Körper wie wir. Tagsüber verstecken sie sich unter Pflanzen oder in der Erde. Erst wenn es dunkel wird, kommen sie raus. Nacktschnecken sind ihren Feinden aber nicht schutzlos ausgeliefert: Ihr ganzer Körper ist mit einem zähen Schleim bedeckt. Und der schmeckt einfach eklig!

Frösche

Können Frösche fliegen?

Ja, es gibt wirklich Flugfrösche. Einige dieser Arten leben auf riesigen Bäumen im Urwald. Richtig fliegen können sie aber nicht. Sie gleiten eher wie Fallschirme in die Tiefe. Auf den Boden wagen sie sich nur selten, denn dort würden sie leicht zur Beute für andere Tiere werden.

Können Frösche unter Wasser atmen?

An Land atmen Frösche durch ihre Lungen. Sie können den Sauerstoff aber auch unter Wasser durch die Haut aufnehmen. Darum können sie lange Zeit unter Wasser bleiben. Für die Hautatmung muss ihre Haut immer feucht sein. Trocknet sie aus, stirbt der Frosch. Deshalb leben Frösche in der Nähe von Gewässern.

Wusstest du,

- dass Frösche zu den Amphibien gehören? Das sind Tiere, die sowohl im Wasser als auch an Land leben.
- dass die Körpertemperatur der Frösche je nach Umgebung und Jahreszeit wechselt?
- dass Frösche richtig weit springen können?
- dass die meisten Frösche beim Essen nicht besonders wählerisch sind? Sie fressen alles, was sie überwältigen können!

Mit seinen großen Augen hat der Frosch alles gut im Blick.

Warum haben Frösche Glupschaugen?

Die Augen der Frösche sitzen seitlich am Kopf, sind sehr groß und etwas vorstehend. Dadurch haben Frösche rundherum alles gut im Blick. Frösche sehen aber nicht wie wir: Sie sind »Bewegungsseher«, das heißt, sie nehmen nur Bewegungen wahr. Frösche können ihre Feinde und ihre Beute also nicht wirklich erkennen. Sie sehen nur, dass etwas zappelt, fliegt oder läuft. Dann schnappen sie blitzschnell mir ihrer langen klebrigen Zunge zu. Ihre Beute schlucken sie in einem Stück. Denn Zähne zum Kauen haben sie nicht.

Spinnentiere

Wieso bleibt die Spinne nicht selbst kleben?

Eine Spinne verwendet beim Bau ihres Netzes trockene und klebrige Fäden. Klettert sie über ihr eigenes Netz, bleibt sie immer auf den trockenen Fäden. Tritt sie doch einmal daneben, ist das nicht so schlimm. Sie bestreicht ihre Füße noch mit Speichel, so dass sie auch bei einem Fehltritt nicht kleben bleibt.

Wo haben Spinnen ihre Ohren?

Da kannst du lange suchen: Sie haben gar keine Ohren. Doch dafür haben die meisten Spinnen acht Augen! Trotzdem können sie nicht besonders gut sehen. Sie müssen sich auf ihren Tastsinn verlassen. Ihr Körper und ihre Beine sind mit vielen feinen Härchen bedeckt, die wie deine Finger tasten können.

Wusstest du,

- dass alle Insekten sechs Beine haben? Spinnen haben acht Beine und sind keine Insekten. Sie gehören der Gruppe der Spinnentiere an.
- dass du vor Spinnen keine Angst haben musst? Bei uns gibt es keine gefährlichen.
- dass Spinnen sehr nützlich sind? Sie fangen Mücken und andere lästige Insekten.
- dass Spinnen ihre Beute aussaugen?

Beim Schlüpfen beißen sich die Jungspinnen durch die Hülle der Eier.

Webt der Weberknecht besonders schöne Netze?

Weberknechte besitzen keine Spinndrüsen und weben darum auch keine Netze. Du findest sie meist im Garten. Sie fressen Pflanzen und tote Tiere. Diese Spinnentiere haben nur zwei Augen und Beine, die manchmal 20-mal so lang sind wie ihr Körper. Es gibt noch andere Spinnen, die kein Netz bauen. Die Wolfsspinne etwa ist sehr schnell und kann ihre Beute erjagen. Springspinnen haben sehr gute Augen und kräftige Beine. Lautlos pirschen sie sich heran und springen dann blitzschnell los.

Igel

Wieso rollen sich Igel zusammen?

Das Stachelkleid schützt den Igel. Zudem kann sich ein Igel bei Gefahr zu einer Kugel zusammenrollen. Das ist ein guter Schutz, denn ein Igel hat nur kurze Beine und kann darum nicht besonders schnell laufen. Doch beim Anblick der Stachelkugel vergeht den Füchsen und Hunden meist ganz schnell der Appetit!

Wie viele Stacheln haben Igel?

Schon bei der Geburt haben die kleinen Igel Stacheln. Diese sind aber noch weich, damit sie die Igelmutter nicht verletzen. Ein erwachsener Igel hat über 8000 spitze Stacheln. Es gibt noch andere stachelige Tiere: Auch Stachelschweine oder Igelfische haben Stacheln, die sie bei Gefahr aufstellen können.

Wusstest du,

- dass Igel tagsüber schlafen und nachts aktiv sind?
- dass Igel sehr gut riechen, hören und sogar schwimmen können?
- dass nicht nur Igel, sondern auch Fledermäuse, Schildkröten, Murmeltiere und viele andere Tiere einen Winterschlaf halten?
- dass sich der Igel nicht vor Lachen kugelt, sich manchmal aber Menschen einigeln?

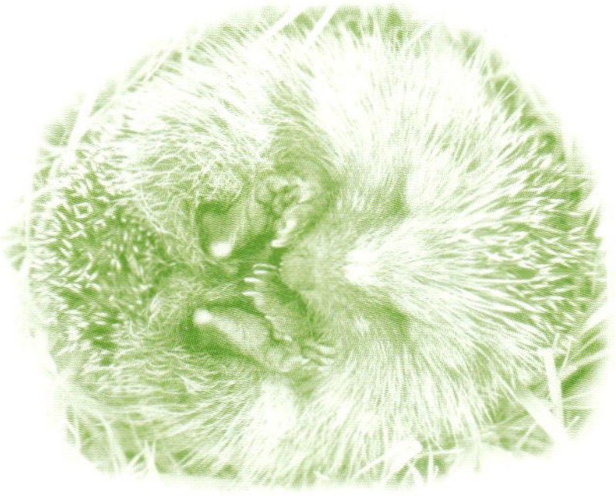

Bei Gefahr rollt sich der Igel zu einer Kugel zusammen.

Wo sind die Igel im Winter?

So ein Stachelkleid wärmt leider nicht. Außerdem findet ein Igel im Winter nicht genügend Insekten, Würmer und Schnecken als Nahrung. Darum macht er einen langen Winterschlaf, um die kalten Wintermonate zu überleben. Er baut sich ein weiches Nest aus Laub, Moos und Gras. Hier verkriecht er sich dann, wenn es kalt wird. Er rollt sich ganz fest zusammen und fällt in einen tiefen Winterschlaf. Der Igel lebt nun von dem Fettpolster, das er sich im Sommer und Herbst angefressen hat.

Maulwurf

Sind Maulwürfe wirklich blind?

Maulwürfe sind nicht blind, doch gut sehen können sie nicht. Aber unter der Erde ist es ohnehin dunkel. Für das Leben im Boden sind Maulwürfe perfekt ausgerüstet: Sie können sehr gut riechen und fühlen. Ihre Ohren sind im Fell versteckt, damit keine Erde hineinfällt. Zum Graben haben sie breite, kräftige Schaufelhände.

Wie wohnt der Maulwurf unter der Erde?

Maulwürfe sind großartige Tunnelbauer. Sie bauen sich unter der Erde eine richtige Wohnanlage mit Laufgängen, Jagdgängen, Speisekammer und Tränke. Sie schlafen in einem mit weichem Gras, Moos und Laub ausgepolstertem Nest, dem Wohnkessel. Hier bringt das Maulwurfweibchen auch ihre Jungen zur Welt.

Wusstest du,

- dass man sagt: »Er ist blind wie ein Maulwurf«, wenn jemand schlecht sieht?
- dass Maulwürfe scharfe Zähne haben? Damit können sie die harten Panzer von Käfern aufknacken.
- dass Maulwürfe in ihren engen Gängen auch rückwärts kriechen können?
- dass nicht nur Maulwürfe, sondern auch Wühlmäuse kleine Hügel im Garten hinterlassen?

Beim Graben schaufelt der Maulwurf die Erde nach oben: Ein Maulwurfshügel entsteht.

Wieso bauen Maulwürfe Hügel?

Du siehst Maulwürfe fast nie. Doch die Erdhügel verraten, dass sie bei euch im Garten sind. Maulwürfe haben fast immer Hunger: Sie fressen täglich fast so viel Nahrung, wie sie wiegen. Darum müssen sie den Boden ständig nach Regenwürmern, Schnecken, Insekten und anderen Tieren durchgraben. Die dabei anfallende Erde drücken sie mit den Händen nach oben. So entstehen die Maulwurfshügel, die bei vielen Gärtnern überhaupt nicht beliebt sind.

Hühner

Legen braune Hühner braune Eier?

Und weiße Hühner weiße Eier? Nein, die Farbe des Gefieders bestimmt nicht die Farbe der Eierschale. Diese wird von den Genen bestimmt. Schau dir die Ohren der erwachsenen Hühner an: Sind die Ohren braun oder rot, legen sie braune Eier. Sind sie weiß, legen die Hühner meistens auch weiße Eier.

Warum schlafen Hühner auf der Stange?

Früher lebten die wilden Hühner im Wald. Nachts hüpften sie auf Bäume und übernachteten in den Ästen. Hier waren sie vor Feinden sicher. Und auch heute noch setzen sich Hühner zum Schlafen gern auf eine Stange. Sie krümmen die Zehen des Fußes um die Stange und fallen darum nicht herunter.

Wusstest du,

- dass Hühner schlechte Flieger, aber gute Läufer sind?
- dass Hühner richtige Frühaufsteher sind? Am Abend gehen sie aber auch früh schlafen.
- dass Hühner sehr gesellige Tiere sind? Sie haben eine feste Rang- und Hackordnung. Ein Huhn von hohem Rang darf zum Beispiel zuerst an den Futternapf.
- dass Hühner gern ein Sand- oder Staubbad nehmen?

Ein Huhn kann bis zu 300 Eier im Jahr legen.

Wie kommt das Küken in das Ei?

Damit ein Küken entstehen kann, muss das Ei im Körper der Henne vom Hahn befruchtet werden. Jetzt muss die Henne das Ei ausbrüten. Sie setzt sich auf das Ei und hält es mit ihrer Körpertemperatur etwa drei Wochen lang warm. In dem Ei wächst nun ein Küken heran. Auch ein Küken hat Hunger. Es holt sich seine Nahrung aus dem Eidotter. Doch mit der Zeit wird es dem Küken im Ei zu eng. Es pickt von innen ein Loch in die Eierschale und schlüpft aus dem Ei.

Ameisen

Was machen Ameisen den ganzen Tag?

Ameisen sind unglaublich fleißig. Jede Ameise hat eine bestimmte Aufgabe. Einige sind ständig auf Futtersuche, andere bauen am Nest. In einem Ameisenbau wohnen Millionen von Ameisen. Und doch haben sie nie Streit, weil sich alle an die Regeln halten.

Sind Ameisen eigentlich stark?

Die meisten Ameisen sind nur so klein wie ein Streichholzkopf. Und doch besitzen sie riesige Kräfte. Im Verhältnis zu ihrem Körpergewicht sind Ameisen die stärksten Tiere der Welt. Sie können ein Mehrfaches ihres eigenen Gewichts tragen. Wären Ameisen so groß wie Menschen, könnten sie ganze Lastwagen stemmen. Ameisenstark!

Wusstest du,

- dass nicht alle Ameisen in einem Ameisenhaufen leben? Manche leben in Bäumen.
- dass jedes Ameisenvolk eine Königin hat? Sie ist größer als die anderen Ameisen und sorgt für Nachwuchs.
- dass sich manche Ameisen über Geräusche verständigen? In den Tropen gibt es Ameisen, die trommeln können.
- dass man in Südamerika geröstete Ameisen isst?

Mit ihren langen Fühlern kann die Ameise fühlen, riechen und hören.

Wie reden Ameisen miteinander?

Ameisen reden nicht miteinander, aber sie können sich untereinander verständigen. So »sprechen« sie miteinander, indem sie sich berühren, etwa mit den Fühlern beklopfen oder gegenseitig füttern. Außerdem können sie sich mit Hilfe ihrer Duftstoffe verständigen. Mit diesen markieren sie die Straße (Ameisenstraße), auf der sie sich bewegen. Andere Ameisen folgen dann der Duftspur. Hat eine Ameise eine gute Beute gefunden, kann sie dies mit Düften den anderen mitteilen.

Muscheln

Wie kommt die Perle in die Muschel?

Manchmal gelangt ein Fremdkörper, zum Beispiel ein winziges Sandkorn, in die Schale einer Muschel. Dann bildet die Muschel Perlmutt, um sich vor Verletzungen zu schützen. Sie wickelt immer wieder neue Schichten Perlmutt um dieses Sandkorn. Findest du eine solche Muschel im Meer, entdeckst du in ihr eine echte Perle.

Warum rauscht die Muschel?

In einer rauschenden Muschel hörst du nicht das Meer, sondern die Geräusche aus deiner Umgebung. Diese sind oft so leise, dass du sie normalerweise gar nicht bemerkst. Die Muschel sammelt die Töne und verstärkt sie. Probier es einmal aus: Auch deine hohle Hand zaubert dir ein Rauschen ins Ohr.

Wusstest du,

- dass es viele Jahre dauert, bis eine Perle entsteht?
- dass es echte Perlen und Zuchtperlen gibt? Bei den Zuchtperlen wird den Muscheln der Fremdkörper von Hand eingesetzt.
- dass du dir meist gar keine platte Muschel, sondern das Gehäuse einer Meeresschnecke ans Ohr hältst?
- dass Muscheln ihre Schalen mit Kraft zuhalten können?

Hältst du dir dieses Schneckengehäuse an dein Ohr, hörst du ein Rauschen.

Wie schwimmt die Muschel?

Meist sitzen Muscheln im Sand oder auf Felsen. Einige Muscheln können auch im Meer schwimmen, indem sie ihre Schalen schnell auf- und zuklappen. Arme und Beine zum Schwimmen besitzen sie nicht, denn Muscheln haben gar kein Skelett. Sie gehören – trotz ihrer harten Schale – zu den Weichtieren. Der Körper einer Muschel besteht aus einem Hautlappen (Mantel) und dem Fuß. Der Fuß ist ein Muskel. Wenn sich die Muschel bewegt, streckt sie ihren Fuß aus der Schale.

Erstaunliche Wissenschaft

Wasser 84

Warum ist Wasser nass?
Warum tun Bauchklatscher weh?
Wieso schrumpelt Haut in der Badewanne?

Kälte & Wärme 86

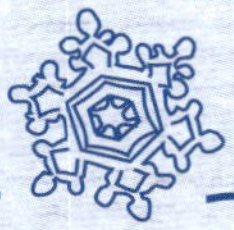

Warum gibt es kalte und warme Tage?
Warum ist Eis rutschig?
Sieht jede Schneeflocke gleich aus?

Luft & Gase 88

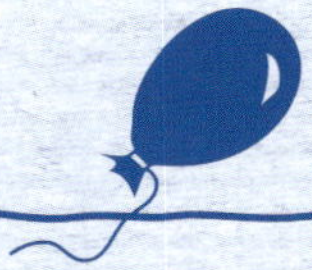

Wie schwer ist Luft?
Warum saust der Ballon durchs Zimmer?
Warum schwebt ein Heißluftballon?

Farben 90

Wie kommt die Farbe in den Regenbogen?
Sind Schwarz und Weiß auch Farben?
Und wie viele Farben gibt es?

Licht & Schatten 92

Kann ich meinen eigenen Schatten fangen?
Warum sind nachts alle Katzen grau?
Warum leuchtet der Himmel manchmal bunt?

Töne & Schall 94

Warum kann ich Töne nicht sehen?
Wieso plappert mir das Echo alles nach?
Weshalb knallt es im Himmel manchmal?

Wasser

Warum ist Wasser nass?

Die vielen winzigen Teilchen, aus denen Wasser besteht (Wassermoleküle), sind nur lose miteinander verbunden. Sie können sich frei bewegen. Steckst du deinen Fuß ins Wasser, legen sich diese Teilchen wie eine dünne Schicht um ihn. Das empfindest du dann als »nass«.

Warum tun Bauchklatscher weh?

Wie du ja schon weißt, besteht Wasser aus vielen kleinen Teilchen. Steigst du vorsichtig ins Wasser, werden diese ganz langsam zur Seite geschoben. Springst du aber hinein, müssen die Teilchen ganz schnell Platz machen. Da sie das nicht schaffen, erscheint die Wasseroberfläche hart!

Wusstest du,

- dass auch wir Menschen zu einem Großteil aus Wasser bestehen?
- dass Wasser auf Wasser schwimmen kann? Warmes Wasser steigt nach oben und schwimmt dann auf dem kalten Wasser.
- dass man auch bei Leitungswasser sagt, es ist hart? Dann enthält es viele Mineralstoffe, die sich in Leitungen und in Kochtöpfen als Kalk absetzen können.

Auf der Erde gibt es rund 1 Trilliarde Liter Wasser. Das ist eine 1 mit 21 Nullen!

Wieso schrumpelt Haut in der Badewanne?

Die Haut an deinen Fingern und Füßen unterscheidet sich vom Rest deiner Haut. Sie ist hier viel dicker. Das ist auch gut so, denn diese Stellen sind großen Belastungen ausgesetzt: Wir greifen und fühlen mit den Fingern, laufen und stehen auf den Füßen. Wenn du nun lange Zeit im Wasser planschst, saugt diese dicke Haut viel Wasser auf und dehnt sich aus. Es entsteht die wellige Schrumpelhaut. Doch keine Sorge: sie bildet sich schnell wieder zurück.

Kälte & Wärme

Warum gibt es kalte und warme Tage?

Unsere Erde dreht sich um die Sonne. Die Erdachse steht aber nicht gerade in Richtung Sonne, sondern etwas schief. Dadurch scheint die Sonne nicht immer im gleichen Winkel auf die Erde. Im Sommer ist die Erde der Sonne zugeneigt. Dann haben wir viele warme Tage. Im Winter ist es dagegen genau umgekehrt.

Warum ist Eis rutschig?

Auch wenn es draußen richtig kalt ist: Oben auf dem Eis befindet sich immer eine ganz dünne Wasserschicht. Diese reicht aus, um auf dem Eis rutschen und gleiten zu können. So ähnlich wie auf einer Wasserrutsche. Doch Vorsicht, man kann auf dieser Wasserschicht auch ganz leicht ausrutschen!

Wusstest du,

- dass beim Schlittschuhlaufen oder Rodeln der Wasserfilm durch den Druck und die Reibung vergrößert wird? Dann kann man noch besser gleiten.
- dass sich Wasser beim Gefrieren ausdehnt? Eis braucht mehr Platz als Wasser. Darum zerplatzt die Limonadenflasche, wenn sie zu lange im Gefrierfach liegt.
- dass die Erdachse eine gedachte Linie zwischen Nord- und Südpol ist?

Die Sonnenstrahlen versorgen die Erde mit Wärme und Licht.

Sieht jede Schneeflocke gleich aus?

Eine Schneeflocke besteht aus lauter kleinen Schneekristallen. Wenn du genau hinschaust, erkennst du, dass jede Schneeflocke die Form eines sechszackigen Sternes hat. Trotzdem sieht jede Schneeflocke ein klein wenig anders aus. Wolken schweben verschieden hoch am Himmel und die Temperaturen zwischen Wolke und Boden sind immer unterschiedlich. Es ist also sehr unwahrscheinlich, dass zwei Schneesterne denselben Weg zurücklegen. Darum gleicht kein Schneekristall dem anderen.

SKI SUMMIT

Luft & Gase

Wie schwer ist Luft?

Überall um dich herum ist Luft. Und wie alle Stoffe, so hat auch Luft ein Gewicht. Die Luft in einer Einliterflasche wiegt etwa so viel wie eineinhalb Gummibärchen. Die Luft drückt auch auf deinen Körper. Doch du spürst den Luftdruck nicht, da du in deinem Körper einen genauso großen Gegendruck hast.

Warum saust der Ballon durchs Zimmer?

Hast du schon einmal einen Luftballon aufgeblasen und dann den Finger von der Öffnung genommen? Der Ballon saust jetzt durch das Zimmer, weil die ausströmende Luft eine Kraft auf den Ballon ausübt. Diese Kraft nennt man Rückstoß. Je mehr Luft in dem Ballon war, desto stärker ist der Rückstoß.

Wusstest du,

- dass alle Menschen, Tiere und Pflanzen Luft zum Leben brauchen?
- dass es auf dem Mond keine Luft gibt?
- dass ein Wasserkessel so ähnlich funktioniert wie eine Flöte? Durch den Wasserkessel wird aber keine Luft geblasen, sondern Wasserdampf.
- dass auch Flugzeuge und Raketen durch Rückstoß angetrieben werden?

Wenn das Wasser kocht, verdampft es: Es wird gasförmig.

Warum schwebt ein Heißluftballon?

Wunderschön sieht es aus, wie die riesigen Heißluftballons am Himmel schweben. Warum fallen sie nicht herunter? Dazu musst du wissen: Heiße Luft steigt nach oben. Die Luft in den Ballons wird mit einer Gasflamme erwärmt. Jetzt ist sie leichter als kalte Luft, steigt auf und nimmt den Ballon mit nach oben. Kühlt die Luft wieder ab, wird sie dichter und damit schwerer. Sie sinkt abwärts. Soll der Ballon sinken, wird einfach eine Klappe geöffnet, durch die warme Luft entweichen kann.

Farben

Wie kommt die Farbe in den Regenbogen?

In einem Regenbogen siehst du das Sonnenlicht. Denn in dem weißen Sonnenlicht sind alle Farben des Regenbogens enthalten: Rot, Orange, Gelb, Grün, Blau und Violett. Die Regentropfen brechen das weiße Sonnenlicht und trennen es in die einzelnen Farben auf. So entsteht der wunderschöne bunte Bogen!

Sind Schwarz und Weiß auch Farben?

Es gibt bunte Farben wie Grün oder Orange. Schwarz, Grau und Weiß sind nicht bunt. Trotzdem werden sie meist als Farben bezeichnet. Man nennt sie auch »unbunte« Farben. Mischst du bunte Farben mit Schwarz oder Weiß, erhältst du wieder neue Farben: Rot und Weiß ergibt beispielsweise Rosa.

Wusstest du,

- dass es Menschen gibt, die Probleme beim Erkennen von Farben haben? Diese Menschen sind farbenblind.
- dass es Tarnfarben gibt? Einige Tiere sind so gefärbt, dass sie sich von ihrer Umgebung kaum abheben. Diese Tarnung schützt sie vor Feinden.
- dass die bunten Farben unser Leben verschönern? Stell dir mal vor, wie traurig es aussehen würde, wenn alles nur Schwarz oder Weiß wäre?

Die Farben des Regenbogens haben immer die gleiche Reihenfolge.

Und wie viele Farben gibt es?

Rot, Blau und Gelb sind die Grundfarben oder Primärfarben. Die drei Farben lassen sich nicht durch Farbmischungen erzielen. Wenn man diese Grundfarben mischt, erhält man alle anderen bunten Farben. So gibt zum Beispiel Gelb und Blau Grün. Aus den Mischungen können unendlich viele Farben entstehen. Sogar mehr Farbtöne, als unser Auge unterscheiden kann. Wusstest du, dass die Farben allein durch unser Gehirn erzeugt werden? In der Natur gibt es die Farben, die du siehst, überhaupt nicht!

Licht & Schatten

Kann ich meinen eigenen Schatten fangen?

Das Licht bewegt sich immer geradeaus. Ein Schatten entsteht dann, wenn etwas im Weg des Lichts steht. Dann sieht man das Abbild dieses Gegenstands dunkel an der Wand oder auf dem Boden. Was auch immer du tust, der Schatten macht es ebenfalls. Darum kannst du deinen eigenen Schatten nicht fangen.

Warum sind nachts alle Katzen grau?

Um sehen zu können, benötigen unsere Augen Licht. Im Dunkeln sind wir aber nicht blind. Die Augen gewöhnen sich an die Dunkelheit und man kann Gegenstände und Umrisse erkennen. Nur Farben sind im Dunkeln kaum zu unterscheiden. Deshalb sagt man: »Nachts sind alle Katzen grau«.

Wusstest du,

- dass die Dunkelheit eine besondere Eigenschaft hat? Sie lässt dich deine anderen Sinne stärker spüren. Du hörst zum Beispiel alles besser.
- dass man mit dem Schatten auch spielen kann?
- dass Lichtstrahlen, die an ein Hindernis gelangen, entweder reflektiert, gebrochen oder gestreut werden?
- dass es sichtbares und unsichtbares Licht gibt?

Im Augenhintergrund hat die Katze eine spiegelnde Schicht, die das Licht zurückwirft.

Warum leuchtet der Himmel manchmal bunt?

Polarlichter färben den Nachthimmel rot, grün und blau. Bei uns bekommt man dieses Naturwunder nur ganz selten zu sehen. Die Menschen in Sibirien, Skandinavien oder Grönland können Polarlichter dagegen häufig beobachten. Polarlichter entstehen, wenn die Sonne sehr aktiv ist. Man kann Polarlichter vor allem in den Wintermonaten erleben. Im Sommer sind die bunten Lichtspiele meist nicht zu sehen, weil in dieser Zeit der Himmel zu hell ist.

Töne & Schall

Warum kann ich Töne nicht sehen?

Die Schulglocke, das Hundebellen oder die Musik: Alle Töne und Geräusche bringen die Luft zum Schwingen. Es entstehen Schallwellen, die die Luft in unser Ohr trägt. Und das Ohr schickt sie weiter an das Gehirn. Schallwellen kannst du weder schmecken noch riechen oder sehen. Trotzdem sind sie überall um dich herum!

Wieso plappert mir das Echo alles nach?

HAAALLO! Auch wenn du im Gebirge oder unter einer Brücke ganz laut rufst, entstehen Schallwellen. Die Schallwellen breiten sich in der Luft aus, prallen aber an den Fels- oder Brückenwänden wieder ab und kommen als Echo zu dir zurück: HAAALLO!

Wusstest du,

- dass es tiefe und hohe Schallwellen gibt? Ganz hohe Schallwellen, Ultraschallwellen, kann unser Ohr (meist) nicht hören.
- dass wir immer hören, auch im Schlaf? Sonst würdest du vom Wecker nicht wach werden!
- dass dein Trommelfell durch die Schallwellen in Schwingung gerät? Diese Bewegungen werden ans Gehirn geleitet. Du nimmst sie als Töne oder Geräusche wahr.

Ein Flugzeug durchbricht die Schallmauer.

Weshalb knallt es im Himmel manchmal?

Der Schall legt in der Luft rund 1.200 Kilometer in der Stunde zurück. Fliegt ein Flugzeug schneller, durchbricht es die Schallmauer. Dann gibt es einen lauten Knall im Himmel. Der entsteht, weil sich die Schallwellen beim Flugzeug aufgestaut haben. Der Pilot merkt davon kaum etwas. Das Flugzeug ruckelt nur ein wenig. Dass sich Schallwellen mit großer Geschwindigkeit ausbreiten, kannst du selbst feststellen. Blas einen Luftballon auf und lass ihn zerplatzen. Du wirst den Knall sofort hören!

Sinnestäuschung

Wusstest du,

- dass man sein Spiegelbild auch auf einer ruhigen Wasserfläche betrachten kann?
- dass manche Spiegel dein Spiegelbild verzerren? Wölbspiegel machen dich kleiner, Hohlspiegel vergrößern das Bild.
- dass du eine Lichtbrechung auch siehst, wenn du deine Beine nur halb ins Wasser hältst? Genau da, wo das Wasser beginnt, scheinen deine Beine dann abzuknicken.

Warum kann ich mich im Spiegel sehen?

Ein Spiegel ist eine glatte Fläche, die das auf sie fallende Licht zurückwirft. So entsteht ein Bild von Gegenständen oder Personen, die vor dem Spiegel stehen. Du siehst dich im Spiegel immer seitenverkehrt. Stell dich vor einen Spiegel und heb deine linke Hand. Dein Spiegelbild »hebt« jetzt die rechte Hand.

Warum flimmert im Sommer die Straße?

An richtig heißen Tagen flimmert manchmal die Luft über der Straße und es sind Spiegelbilder zu sehen. Auf der Straße liegen dann kalte und warme Luftschichten übereinander. Dadurch wird das einfallende Licht anders gebrochen. Solch eine Luftspiegelung nennt man Fata Morgana.

Bei großer Hitze spiegelt sich die Luft auf der Straße.

Weshalb erscheinen Gegenstände unter Wasser größer?

Hast du dir schon einmal einen Strohhalm, der in einem Glas Wasser steckt, genau angeguckt? Er sieht an der Stelle, in der er ins Wasser taucht, wie durchgebrochen aus. Zudem wirkt der untere Teil des Strohhalms viel größer als der obere Teil. Das liegt daran, dass das Licht an der Grenze vom Wasser zur Luft gebrochen wird. Die Lichtgeschwindigkeit in den verschiedenen Stoffen ist nämlich unterschiedlich groß: In der Luft bewegt sich Licht schneller als im Wasser.

Kräfte

Warum fallen alle Dinge auf den Boden?

Wenn du in die Luft springst, fliegst du nicht davon, sondern landest automatisch wieder auf dem Boden. Auch der Ball, den du in die Luft wirfst, landet wieder auf dem Erdboden. Diese Kraft, die uns und alle Gegenstände nach unten zur Erde hin zieht, nennt man Schwerkraft oder Gravitationskraft.

Weshalb steigt ein Drachen?

Halte ein großes Blatt Papier vor deinen Mund. Es hängt schlapp nach unten! Dann puste so kräftig wie möglich an der Oberseite des Blattes entlang. Das Blatt hebt sich nach oben und flattert in der Luft, denn durch das Pusten hast du für Auftrieb gesorgt. Das ist die Kraft, die auch den Drachen nach oben zieht.

Wusstest du,

- dass wir ohne Schwerkraft keine Getränke einschenken und keine Postkarte in einen Briefkasten werfen könnten?
- dass dort, wo keine Schwerkraft wirkt, Schwerelosigkeit herrscht?
- dass du beim Achterbahnfahren häufig das Gefühl der Schwerelosigkeit erlebst?
- dass selbst eine schwere Eisenkugel springt, wenn sie auf eine harte Stahlplatte fällt?

Wieso springt ein Ball wieder vom Boden?

Ein Ball springt hoch, weil er beim Aufprall eine Delle bekommt. Die Delle siehst du nicht, weil sie sofort wieder raus geht. Soll der Ball springen, muss er außerdem auf etwas prallen, das er nicht verformen kann.
Wirf einmal einen Ball in ein Kopfkissen. Jetzt springt er nicht, weil der Stoß des Balles das Kissen verformt. Nun hat das Kissen die Delle und nicht der Ball! Am besten springt ein Ball, wenn er ganz fest aufgepumpt ist und auf einen möglichst harten Boden aufprallt.

Im Frühjahrs- oder Herbstwind kannst du besonders gut einen Drachen steigen lassen.

54

Zeit

Ist es überall auf der Erde gleich spät?

Wenn du aufstehst und frühstückst, müssen die Kinder auf der gegenüberliegenden Seite der Erde ins Bett gehen. Da die Erde sich um sich selbst und gleichzeitig um die Sonne dreht, wendet sie der Sonne immer einen anderen Teil zu. Dadurch ist nicht überall auf der Erde die gleiche Uhrzeit.

Wer hat die Zeit entdeckt?

Die Zeit musste nicht erfunden werden. Es gab sie schon immer. Aber die Menschen haben Messinstrumente erfunden, um die Zeit in Stunden, Tage und Jahre einzuteilen. Schon bevor es Kalender und Uhren gab, haben Menschen die Zeit gemessen. Sie orientierten sich dafür zum Beispiel am Stand der Sonne.

Wusstest du,

- dass man die Zeit, die noch vor uns liegt, Zukunft nennt? Tritt sie ein, wird sie zur Gegenwart. Und im nächsten Augenblick ist sie schon Vergangenheit!
- dass man früher die Zeit nicht so genau gemessen hat wie heute? Sonnen-, Wasser- oder Sanduhren zeigen keine Sekunden und Minuten an!
- dass es 24 Zeitzonen gibt? Innerhalb einer Zeitzone gilt immer die gleiche Uhrzeit.

In Sanduhren rieselt Sand in bestimmter Zeit durch ein Glas.

Gibt es einen Tag, der nur 23 Stunden hat?

Du glaubst, ein Tag hat immer 24 Stunden? Es gibt einen Tag im Jahr, der nur 23 Stunden hat. Das ist immer der letzte Sonntag im März. Dann werden die Uhren auf die Sommerzeit umgestellt: Der Zeiger wird um zwei Uhr früh auf die Drei vorgerückt. Erst am letzten Sonntag im Oktober erhalten wir die »gestohlene« Stunde zurück: Steht der Zeiger auf drei Uhr nachts, wird er auf die Zwei zurückgedreht. Dieser Tag hat dann sogar 25 Stunden!

Zahlenspiele

Ist 2 + 2 überall 4?

Ganz egal, ob es die Kinder in Deutschland, Asien oder Afrika ausrechnen: 2 + 2 ist überall 4. Es wird nämlich auf der ganzen Welt nach den gleichen Regeln gerechnet. Auch die Rechenzeichen sind international. Darum weiß jedes Kind, dass es bei einem Plus etwas zusammenzählen soll.

Warum ist die 13 eine Unglückszahl?

In vielen Kulturen gilt die 12 als heilige Zahl: Es gibt 12 Monate, 12 Sternzeichen, 12 Apostel… Für einige Menschen ist die 13 eine Unglückszahl, weil sie als erste Zahl über die 12 hinausgeht. Am Freitag, dem 13., würden sie lieber gleich im Bett bleiben. Was soll man dazu sagen? »Jetzt schlägt es aber 13!«

Wusstest du,

- dass in vielen amerikanischen Hochhäusern das 13. Stockwerk fehlt? In Hotels und Krankenhäusern gibt es häufig keine Zimmer mit der Nummer 13.
- dass die 0 eine herausragende Zahl ist, obwohl sie ja eigentlich »nichts« darstellt? Mit der 0 kann man große Zahlen wie 100 ganz einfach schreiben.
- dass die 6 und die 8 bei den Chinesen als Glückszahlen gelten? Die 4 ist in China eine Unglückszahl.

Das Zusammenzählen nennt man auch Addition.

Wieso wohnt Schneewittchen bei sieben Zwergen?

Zahlen scheinen eine geheimnisvolle Bedeutung zu haben! Für viele Menschen gibt es nicht nur Unglückszahlen wie die 13, sondern auch Glückszahlen. Als solch eine Glückszahl gilt zum Beispiel die 7. In der Bibel ist die 7 die Zahl Gottes: In 7 Tagen erschuf Gott die Welt, 7 Arme hat der Leuchter in seinem Tempel. Auch in vielen Märchen begegnet man der 7: Da gibt es die 7 Zwerge hinter den 7 Bergen, die 7 Raben, die Siebenmeilenstiefel oder die 7 Geißlein. Wie heißt deine Glückszahl?

Zahlen

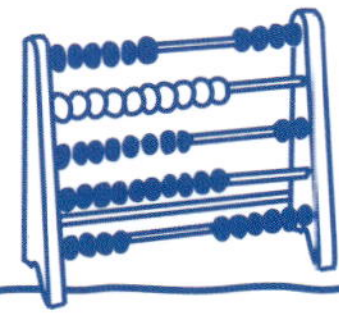

Wer hat eigentlich die Zahlen erfunden?

Schon vor sehr langer Zeit hatten die Menschen den Wunsch, etwas zu zählen. Sie wollten zum Beispiel prüfen, ob noch alle Ziegen im Stall sind. Oder sie zählten die Tage und Jahre. Früher machten sie dafür Kerben in einen Holzstab. Heute schreiben wir die Zahlen mit arabischen Ziffern: 1, 2, 3 …

Und welches ist die höchste Zahl?

Es gibt unendlich viele Zahlen. Darum gibt es auch keine höchste Zahl. Eine Zahl wäre dann die allerhöchste, wenn man keine andere Zahl mehr hinzuzählen könnte. Aber zu allen Zahlen, die bekannt sind, kann man immer noch eine Eins dazuzählen: 0 + 1, 1 + 1, … Das kannst du unendlich lange weiterführen!

Wusstest du,

- dass du jeden Tag Zahlen verwendest: in der Schule, beim Einkaufen, beim Spielen?
- dass du mit nur zehn Ziffern (0, 1, 2, 3, 4, 5, 6, 7, 8, 9) jede Zahl schreiben kannst?
- dass früher römische Ziffern verwendet wurden? Die Römer schrieben zum Beispiel die Zahl 27 so: XXVII.
- dass man die Wissenschaft von den Zahlen Mathematik nennt?

Ein Taschenrechner erleichtert dir das Rechnen.

Rechneten früher die Menschen alles im Kopf aus?

Das Zusammenzählen langer Zahlenreihen ist ziemlich langweilig. Darum haben die Menschen schon sehr früh damit begonnen, sich das Rechnen durch Hilfsmittel zu erleichtern. Eine frühe Rechenhilfe war der so genannte Abakus. Er ist bereits seit Tausenden von Jahren in Gebrauch. Ein Abakus besteht aus einem Rahmen mit aufgereihten Steinen oder Perlen, die verschoben werden können. Schau mal nach: Habt ihr einen Abakus bei euch in der Schule?

Maße & Gewichte

Wie funktioniert eine Waage?

Alte Waagen funktionieren wie eine Wippe. Sitzen auf beiden Seiten gleich schwere Kinder, ist die Wippe im Gleichgewicht. Auf der Seite, auf der das schwerere Kind sitzt, geht die Wippe herunter, das andere Kind baumelt mit den Beinen in der Luft. Bei elektrischen Waagen wird das Gewicht elektronisch angezeigt.

Was misst ein Tachometer?

Ein Tachometer misst in Fahrzeugen die Geschwindigkeit. Darum sagt man zu einem Tachometer auch Geschwindigkeitsmesser. Tachometer findest du zum Beispiel in Autos, Lastwagen oder an Motorrädern. Du kannst auch ein Tachometer an dein Fahrrad anbauen. Dann weißt du immer, wie schnell du fährst.

Wusstest du,

- dass du den Schreibtisch auch mit »Radiergummi-Längen« oder das Zimmer mit »Fußlängen« abmessen kannst?
- dass früher Körperteile als Maßeinheiten verwendet wurden? Eine Elle entsprach der Länge eines Unterarms.
- dass man in England die Maßeinheiten Inch, Fuß und Meilen verwendet?
- dass ein Meter der vierzigmillionste Teil des Erdumfangs ist?

Die Waage ist im Gleichgewicht, wenn die Schalen auf einer Höhe sind.

Was ist länger: ein Zentimeter oder ein Millimeter?

Wenn du sagst, das Zimmer ist fünf Schritte lang, dann ist das sehr ungenau. Denn es könnten ja fünf große oder fünf kleine Schritte sein. Darum ist es gut, dass es die eindeutig festgelegten Maßeinheiten Millimeter (mm), Zentimeter (cm), Dezimeter (dm), Meter (m) und Kilometer (km) gibt. Mit diesen Maßeinheiten kann man Entfernungen genau berechnen. Es gilt: 1 cm = 10 mm, 1 dm = 10 cm, 1 m = 10 dm, 1 km = 1000 m. Ein Zentimeter ist also 10 mal länger als ein Millimeter.

Sprechen und Schreiben

Witze

Wer ist eigentlich Fritzchen?

Fritzchen ist ein kleiner Junge, der sich manchmal ein bisschen blöd anstellt. Vielleicht liegt das daran, dass er nicht so gerne zur Schule geht? »Fritzchen kann heute nicht in die Schule kommen«. Fragt der Lehrer: »Wer spricht denn da?« Antwort: »Mein Vater.« Ob es Fritzchen wirklich gibt? Was glaubst du?

Warum lachen wir über Witze?

Häufig lachen wir, wenn sich etwas anders verhält, als wir es gewohnt sind. Oder wenn etwas passiert, was wir nicht erwarten. Wenn Fritzchen seine Hose nicht an den Beinen trägt, sondern über den Kopf zieht, ist das zum Beispiel ziemlich komisch. Jedenfalls für Kinder! Erwachsene lachen oft über ganz andere Sachen.

Wusstest du,

- dass Fritzchen einmal sein Pausenbrot aus dem Fenster geworfen hat? »War das mit Absicht?«, fragt die Lehrerin. »Nein, mit Salami«, antwortet Fritzchen.
- dass man nicht in jedem Land über die gleichen Witze lacht?
- dass es schön ist, wenn man miteinander lachen kann?
- dass wir über Menschen, die uns wichtig sind, keine Witze machen sollten?

Auch in anderen Ländern werden Aprilscherze ausgeheckt.

Wieso schickt man Leute in den April?

Am 1. April steht in vielen Zeitungen ein Aprilscherz. Es wird dann von einem besonderen Ereignis berichtet, das so gar nicht stattgefunden hat. Erst am nächsten Tag wird der Scherz aufgelöst. Viele Menschen überlegen sich am 1. April auch Streiche. Sie bieten zum Beispiel einem Freund Kuchen an, der mit Senf gefüllt ist. April, April! Wie genau dieser lustige Brauch entstanden ist, weiß man nicht. Vielleicht hat ja das launische Aprilwetter etwas damit zu tun?

Sprachspiele

Kann man mit Sprache spielen?

Sprache kannst du hören und sprechen. Du kannst sie lesen und schreiben. Und du kannst mit ihr spielen! Wie das gehen soll? Du kannst reimen, neue Wörter erfinden oder Buchstaben vertauschen. Oder du malst ein Bild nach einer Geschichte oder einem Reim. Bestimmt kennst du das »Haus vom Nikolaus«?

Tun Zungenbrecher weh?

Nein, überhaupt nicht. Zungenbrecher sind Gymnastik für die Zunge und machen richtig viel Spaß! Versuch es einmal: Fischers Fritz fischt frische Fische, frische Fische fischt Fischers Fritz. Oder: Kleine Kinder können keine Kirschkerne knacken. Und jetzt ganz schnell!

Wusstest du,

- dass man aus allen Buchstaben eines Wortes ein neues Wort bilden kann? Das ist dann ein Anagramm. MEHL ist ein Anagramm zu HELM.
- dass man aus Buchstaben auch Bilder malen kann? Versuch doch einfach mal, aus Wörtern wie Tannenbaum oder Hochhaus ein Bild zu malen!
- dass man einige Buchstaben auch durch Zahlen ersetzen kann? Zum Beispiel 2ge, Kla4 oder N8.

Bei einem Kreuzworträtsel musst du Begriffe erraten.

Muss ich mich bei Schüttelreimen etwa schütteln?

Ja, aber nur vor Lachen! Schüttelreime entstehen, wenn du die Anfangsbuchstaben von den beiden Wörtern vertauschst, die am Ende einer Zeile stehen. Etwa »schicker Duft« und »dicker Schuft«. Keine Angst, das hört sich komplizierter an als es ist! Lustige Schüttelreime sind zum Beispiel: Es sprach der Herr von Rubenstein / Mein Hund der ist nicht stubenrein. Oder: Es klapperten die Klapperschlangen / Bis ihre Klappern schlapper klangen.

COCK
M
K
Z
d
o
CANNON

Sprichwörter

Können Hühner wirklich lachen?

»Da lachen ja die Hühner« – sagt man manchmal. Aber hast du schon einmal Hühner lachen sehen? Es gibt Tiere, die lachen wirklich. Zum Beispiel die Affen. Aber Hühner lachen nicht, sie gackern. Ihr Gegacker hört sich so ähnlich an wie das menschliche Lachen. Daher kommt diese Redewendung.

Wird man aus Schaden klug?

Schon als kleines Kind hast du bestimmt aus Erfahrung gelernt: Wenn ich das letzte Holzklötzchen nicht ganz vorsichtig auf den Turm stelle, stürzt er ein. Und dann muss ich ALLES wieder aufbauen. Du bist aus Schaden klug geworden. Und stellst nun das Klötzchen gaaanz behutsam oben auf den Turm.

Wusstest du,

- dass man mit Speck gar nicht so gut Mäuse fangen kann? Die meisten Mäuse mögen viel lieber Nüsse, Früchte oder hartes Brot.
- dass viele bekannte Sprichwörter aus der Bibel stammen?
- dass sich in einem Sprichwort meist eine alte Erfahrung ausdrückt? Zum Beispiel, dass sich Kinder oft ähnlich verhalten wie ihre Eltern. Darum sagt man auch: »Der Apfel fällt nicht weit vom Stamm«.

Hier »lacht« weder das Huhn noch der Hahn.

Wie viel geht auf eine Kuhhaut?

Angenommen, du erzählst deiner Mutter eine unglaubliche Geschichte nach der anderen. Irgendwann sagt sie: »Hör bitte auf! Du plapperst so viel, das geht ja auf keine Kuhhaut!« Wieso Kuhhaut? Im Mittelalter glaubte man, der Teufel würde alle Sünden eines Menschen auf eine Kuhhaut schreiben. Hatte jemand ganz viel Unfug angerichtet, war selbst die größte Kuhhaut bald vollgeschrieben. Heute bedeutet der Spruch: Das ist jetzt einfach zu viel!

ABC

Warum gibt es große Buchstaben?

GrOßE uNd KlEiNe BuChStAbEn ErLeIcHtErN dAs LeSeN. Wörter am Satzanfang werden immer groß geschrieben. Du siehst beim Lesen sofort: Hier beginnt ein neuer Satz, ich muss auf die Betonung achten! Außerdem werden durch die Großschreibung bestimmte Wörter gekennzeichnet, etwa Namen und Substantive.

Welche Buchstaben braucht man oft?

Unser Alphabet hat 26 Buchstaben. Die Buchstaben kommen in den Wörtern unterschiedlich oft vor. So trifft man das Q nur ganz selten an. Der häufigste Buchstabe ist das E. Alles Quatsch? Überprüf einmal, welche Buchstaben in diesem Text am häufigsten vorkommen. Kannst du einen Satz ohne E schreiben?

Wusstest du,

- dass andere Sprachen unterschiedlich viele Zeichen in ihrem Alphabet haben? Die griechische Schrift hat 24 Buchstaben, die russische Schrift sogar 33!
- dass es in der chinesischen Sprache keine Buchstaben gibt? Hier verwendet man Schriftzeichen für die Worte.
- dass man die ersten Buchstaben eines Namens Initialen nennt? Pippi Langstrumpf hat die Initialen PL.

Unser Alphabet nennt man auch das Abc.

Wer hat das Alphabet erfunden?

Vor etwa 3600 Jahren entstand im Nahen Osten das erste Alphabet. Es hatte 22 Buchstaben. Durch seefahrende Kaufleute erfuhren dann auch andere Völker von dieser tollen Erfindung. Seinen Namen hat das Alphabet von den Griechen bekommen. Im Griechischen heißen nämlich die ersten beiden Buchstaben alpha und beta. Und warum wurden die Buchstaben in eine feste Reihenfolge gebracht? Das ist doch sehr praktisch! Sonst würdest du in Lexika oder Telefonbüchern ewig suchen.

Wörter

Kann man auch rückwärts lesen?

Jedes Wort kann man natürlich auch rückwärts lesen. Das macht Spaß, versuch es einfach mal! Es gibt aber auch Wörter, die vorwärts und rückwärts gelesen einen Sinn ergeben – etwa Otto, Rentner oder Nebel. Solche Wörter nennt man Palindrome. Fällt dir noch ein Palindrom ein?

Hatten die Neandertaler auch Wörter?

Welche Wörter die Neandertaler benutzt haben, wissen wir nicht. Es gibt keine Schriften, aus denen man die Wörter ablesen könnte. Auf jeden Fall beherrschten die Neandertaler die Sprache der Bilder. Auch heute noch sind in einigen Höhlen großartige Malereien zu bewundern, die aus dieser Zeit stammen.

Wusstest du,

- dass es auch ganze Sätze gibt, die rückwärts gelesen einen Sinn ergeben? Zum Beispiel »Ein Esel lese nie«.
- dass es berühmte Höhlenmalereien in französischen und spanischen Höhlen gibt?
- dass auch wir »geschriebene Bilder« nutzen, um uns lange Erklärungen zu sparen? Man nennt sie Piktogramme. Wir nutzen Piktogramme zum Beispiel, um auf der richtigen Toilette zu landen.

Liest du das Wort »Regal« rückwärts, entsteht ein neues Wort: »Lager«.

Haben alle Sprachen die gleichen Wörter?

Auf der Welt gibt es viele tausend Sprachen. Und alle Sprachen bestehen aus unzähligen Wörtern. Das sind aber nicht genau die gleichen Wörter. Denn die Wörter, die in einer Sprache vorkommen, sind von der Umgebung abhängig, in der die Menschen leben. So haben die Bewohner der Arktis viele verschiedene Wörter, um Schnee richtig zu beschreiben. Die Tuareg, die in der Wüste leben, haben dagegen etliche Wörter für Sand.

TISCHTENNIS
SPIEL
QUARK
BANANE
REGAL
TIERISCH
DOPPELTER WORT WERT
DOPPELTER BUCHSTABEN WERT
DREIFACHER BUCHSTABEN WERT

Schreiben & Lesen

Was ist eine Leseratte?

Leseratten oder auch Bücherwürmer sind kein Ungeziefer. Es sind Menschen, die ganz viele Bücher verschlingen. Nein, nicht fressen: Sie lesen die Bücher alle! So wie Ratten alles fressen, was sie finden, lesen Leseratten alle Bücher, die sie in die Hände kriegen. Bist du eine Leseratte?

Liest man alle Texte von links nach rechts?

Richtig, du liest alle Texte von links nach rechts. Arabische Kinder machen das genau andersherum: Bei ihnen hört ein Buch da auf, wo unsere Bücher beginnen. Sie schlagen ein Buch von der anderen Seite her auf und lesen von hinten nach vorne und von rechts nach links. Auf Arabisch ist das »richtig« herum!

Wusstest du,

- dass zuerst Mönche Satzzeichen wie Punkte und Kommas verwendeten? So kann man Texte viel besser lesen.
- dass Louis Braille noch ein Kind war, als er die Blindenschrift erfand? Er war übrigens selber blind.
- dass es auch eine Notenschrift für Blinde gibt?
- dass Linkshänder mit links schreiben und Rechtshänder mit rechts?

Früher schrieben die Menschen auf solchen Schriftrollen.

Wie kann man lesen, wenn man blind ist?

Es gibt eine Schrift nur für blinde Menschen. Diese kann man mit den Fingern ertasten. Sie wurde 1825 von dem Franzosen Louis Braille erfunden. Darum nennt man sie Brailleschrift. Bei dieser Schrift besteht jeder Buchstabe aus einem Muster von Punkten. Die Punkte werden als kleine Höcker auf das Papier gebracht. Deshalb kann man sie erfühlen. Geschrieben wird die Schrift mit besonderen Schreibmaschinen oder mit dem Computer. Sie kann in jeder Sprache verwendet werden.

Kommunikation

Was ist denn Kommunikation?

Kommunikation – komisches Wort! Was ist das überhaupt? Anna schreibt eine SMS an Tom. Auf dem Schulhof reden viele Kinder über das Sportfest, das am Freitag stattfindet. Vera und Leonie sitzen in der Ecke: Sie flüstern sich etwas zu. All diese Kinder kommunizieren miteinander: Sie teilen anderen etwas mit.

Und wenn ich nichts sage?

Zur Kommunikation gehört die Sprache. Wir kommunizieren über gesprochene und geschriebene Wörter. Aber auch wenn wir nichts sagen, kommunizieren wir. Denn zur Kommunikation gehören auch Bewegungen (Gesten) und Laute wie Kopfschütteln, Gähnen, Murren, Lachen oder Weinen.

Wusstest du,

- dass auch Tiere miteinander kommunizieren?
- dass es ganz ausgefallene Mittel gibt, um miteinander zu kommunizieren? Man kann zum Beispiel Brieftauben, Trommeln oder Flaschen (Flaschenpost) verwenden.
- dass Kommunikation auch ganz schön schief gehen kann? Manchmal hören wir einander nicht zu, drücken uns falsch aus oder finden einfach nicht »den richtigen Ton«.

Über das Internet kannst du mit vielen anderen Menschen kommunizieren.

Kann ich mich mit dem Fernseher unterhalten?

Er wird dir nicht antworten, aber er unterhält und informiert dich trotzdem. Deshalb gehört er zu den Kommunikationsmitteln. Fernsehen, Radio, Internet und Zeitungen haben etwas gemeinsam: Sie wenden sich an Millionen Menschen. Darum nennt man sie Massenkommunikationsmittel. Bereits die Indianer hatten ein ganz besonderes Kommunikationsmittel, mit dem sie vielen Menschen über weite Entfernungen etwas mitteilen konnten: ihre Rauchzeichen.

Körpersprache

Spricht man nur mit Worten?

Wir können nicht nur mit Worten, sondern mit dem ganzen Körper reden. Eine Handbewegung, ein Zucken mit der Augenbraue oder heruntergezogene Mundwinkel – oft sagt unser Körper sogar mehr als 1000 Worte. Manchmal braucht man die Wortsprache gar nicht, etwa wenn man nickt statt »Ja« zu sagen.

Warum sind Clowns stumm?

Manege frei – jetzt kommen die Clowns! Die haben immer viele witzige Ideen. Sie erzählen uns kleine Geschichten, ohne ein Wort zu sagen. Clowns sprechen nur mit ihrem Körper zu uns. Das nennt man Pantomime. Das kannst du auch! Tu einmal so, als ob du eine Blume pflücken würdest und schenk sie deiner Mama.

Wusstest du,

- dass ein Lächeln häufig Wunder bewirkt? Wenn du einen Menschen anlächelst, lächelt er meist zurück.
- dass es Schulen für Clowns gibt, in denen sie auch Pantomime lernen?
- dass jedes Land seine eigene Gebärdensprache hat?
- dass es sehr lange dauert, bis man einen Satz mit Hilfe des Fingeralphabets »gesprochen« hat?

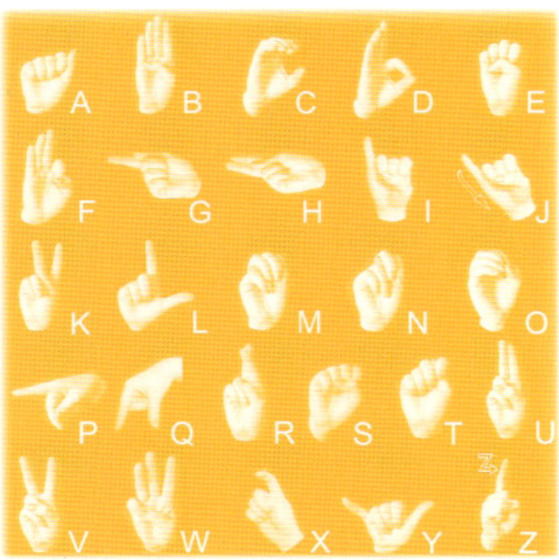

Gehörlose unterhalten sich mit Hilfe des Fingeralphabets.

Wie buchstabiert man mit den Fingern?

Wenn du mit anderen Kindern sprichst, brauchst du vor allem deine Stimme und deine Ohren. Aber was machen Kinder, die nicht hören können? Sie benutzen die Gebärdensprache und das Fingeralphabet. Mit dem Fingeralphabet können sie einzelne Wörter mit Hilfe der Finger buchstabieren. So steht der hochgestreckte Zeigefinger zum Beispiel für ein »Z«. Das »V« kennst du bestimmt schon: Dafür musst du deinen Zeigefinger und deinen Mittelfinger strecken.

Namen

Hat jeder Mensch einen Namen?

Jeder Mensch braucht einen Namen, damit er nicht verwechselt wird. Und doch gibt es Orte auf der Welt, wo Kinder keinen Namen bekommen. Weil zum Beispiel so viele Kinder geboren werden, dass es den Menschen zuviel wird, immerzu einen neuen Namen auszusuchen. Wie gut, dass du einen Namen hast!

Wieso habe ich auch einen Nachnamen?

Früher lebten fast alle Menschen in kleinen Siedlungen und Dörfern. Da jeder Mensch einen anderen Vornamen hatte, brauchte man keine Nachnamen. Heute leben die meisten Menschen dagegen in großen Städten. Da muss es Nachnamen geben, um die vielen Sophies und Leons auseinanderhalten zu können.

Wusstest du,

- dass es Namensforscher gibt?
- dass viele Nachnamen auch von Orten abstammen?
- dass der Namenstag der Gedenktag des Heiligen ist, dessen Namen man trägt? In vielen katholischen Ländern wird der Namenstag gefeiert.
- dass sich alle Isländer gegenseitig mit dem Vornamen ansprechen? Darum ist das Telefonbuch auch nach Vornamen sortiert.

Hier siehst du drei der häufigsten deutschen Nachnamen.

Und warum heißen so viele Menschen Müller?

Im Mittelalter wurden aus immer mehr Dörfern Städte. Nun gab es plötzlich mehrere Heinrichs in einer Stadt. Um diese nicht zu verwechseln, gab man ihnen häufig einen Beinamen. Sie wurden zum Beispiel nach ihrer Größe Heinrich der Große und Heinrich der Kleine genannt. Oder man nannte die Menschen nach ihrem Beruf: Hans der Schmied, Nikolaus der Müller, Günther der Fischer. Aus diesen Beinamen sind viele unserer heutigen Nachnamen entstanden.

Pauline

Zeitungen

Was macht eine Ente in der Zeitung?

Ist eine Zeitungsente eine Ente, von der in der Zeitung berichtet wurde? Weil sie vielleicht im Tauchen gewonnen hat? Oder ist es etwa eine aus Zeitungspapier gefaltete Ente? Alles ganz falsch! Als Zeitungsente bezeichnet man eine Falschmeldung. Harry Potter heiratet Bibi Blocksberg: Das ist eine Falschmeldung!

Was öffnet der Aufmacher?

Nimm eine Zeitung in die Hand. Auf der ersten Seite, der Titelseite, wirst du eine Überschrift finden, die dir sofort »ins Auge springt«. Sie ist nämlich besonders groß und fett gedruckt. Diesen Satz nennt man »Aufmacher«. Der Aufmacher soll dich neugierig auf die Informationen machen. Er soll deine »Augen öffnen«.

Wusstest du,

- dass man Zeitungen auch im Internet lesen kann?
- dass eine Zeitung wie eine Wundertüte ist? Man weiß nie genau, was drin ist.
- dass die Nachrichten in den Zeitungen nach Sachgebieten sortiert sind, die man Rubriken nennt?
- dass viele Menschen die Zeitung gern beim Frühstück lesen? Hast du eine Lieblings-Zeitungs-Lese-Zeit?

Zeitungen erscheinen täglich, wöchentlich, monatlich oder vierteljährlich.

Wer steckt die Zeitung in den Briefkasten?

Wenn du morgens aufstehst, steckt die Tageszeitung sicher längst in eurem Briefkasten! Falls ihr sie abonniert, das heißt für eine längere Zeit im Voraus gekauft habt. Tageszeitungen werden in der Nacht gedruckt und morgens ganz früh von Zustellern verteilt. So ist das jedenfalls in vielen europäischen Ländern. In Italien oder Frankreich beispielsweise werden die Zeitungen meist nicht nach Hause geliefert, sondern man muss sie sich jeden Tag am Kiosk kaufen.

MIT SONDERHEFT
DINOSAURIER
40 SEITEN STARK!

Bücher

Wie kommt das Wort ins Buch?

Früher musste in Druckereien noch Buchstabe für Buchstabe von Hand gesetzt werden. Jede Seite wurde mit einer Handpresse gedruckt. Heute machen das Computer und riesige Druckmaschinen. Nach dem Druck werden die Bücher gebunden und bekommen einen Einband.

Seit wann gibt es Bücher?

Erst seit dem Mittelalter gibt es Bücher, wie wir sie kennen: mit einem Bucheinband, Seiten und Bildern. Die ersten Bücher wurden nicht gedruckt, sondern von Hand geschrieben. Das dauerte natürlich sehr lange und machte viel Arbeit. Oft wurden die Seiten auch noch mit farbigen Bildern (Miniaturen) geschmückt.

Wusstest du,

- dass damals viele Mönche ihr ganzes Leben damit zugebracht haben, Bücher abzuschreiben?
- dass das meistverbreitete Buch der Welt die Bibel ist? Die Bibel ist in über 400 Sprachen übersetzt.
- dass man eine Sammlung von Büchern Bibliothek nennt?
- dass es elektronische Bücher (E-Books) gibt, die auf dem Computer gelesen werden?

Bücher gibt es seit etwa 500 Jahren.

Was machen die Eselsohren im Buch?

Kaum jemand wird die dicken Harry-Potter-Bücher in einem Rutsch durchlesen. Irgendwann muss man schließlich zur Schule gehen, essen oder schlafen. Um später die Stelle zu finden, wo es weitergeht, kann man ein Lesezeichen in das Buch legen. Manche Leute knicken lieber die Buchseiten um: Sie machen Eselsohren in das Buch. Warum man das so nennt? Esel haben nach ihrer Geburt abgeknickte Ohren, deshalb nennt man die geknickten Buchseiten auch Eselsohren.

Land und Leute

Wie lange dauert ein Flug um die Erde?
Ist die Erde schwerer als die Sonne?
Kann ich ein Loch durch die Erde buddeln?

Warum ging man auf Entdeckungsreise?
Wie wird man Entdecker?
Kann man heute überhaupt noch etwas entdecken?

Warum ist es in der Arktis kalt?
Was sind eigentlich Kontinente?
Gab es auch mal andere Kontinente?

Spricht man in Europa europäisch?
Bin ich nun Deutscher? Oder Europäer?
Und wie heißt das größte Land Europas?

Hat jedes Land eine eigene Flagge?
Seit wann gibt es Flaggen?
Wozu braucht man überhaupt Flaggen?

Warum sind auf meinem Globus Linien?
Woher kommt der Name Atlas?
Wieso liegt Norden immer oben?

Hat jedes Volk ein Volkslied?
Wie viele Völker gibt es?
Und was passiert bei einer Völkerwanderung?

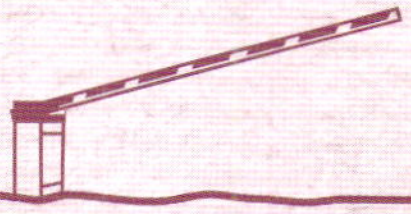

Wo ist das Land, in dem der Pfeffer wächst?
Wie viele Länder gibt es auf der Welt?
Kann man Grenzen sehen?

Warum ist der Turm von Pisa schief?
Wie lang ist die Chinesische Mauer?
Wie hoch ist das höchste Gebäude der Welt?

Warum gruselt man sich Halloween?
Wieso bringt der Osterhase die Ostereier?
Warum verkleidet man sich zu Fasching?

Tragen Schotten wirklich Röcke?
Wieso essen Chinesen mit Stäbchen?
Und weshalb fahren Engländer auf der linken Seite?

Erde

Wie lange dauert ein Flug um die Erde?

Hast du schon einmal von der Concorde gehört? Dieses Flugzeug war schneller als der Schall. Es flog mit Überschallgeschwindigkeit. Im August 1995 hat eine Concorde die Erde in 31 Stunden, 27 Minuten und 49 Sekunden umrundet! Bis jetzt konnte noch kein anderes Flugzeug diesen Rekord brechen.

Ist die Erde schwerer als die Sonne?

Die Sonne ist nicht nur viel schwerer als die Erde, sie ist auch wesentlich größer! Sie ist etwa hundert Mal so groß wie die Erde und wiegt rund das 330.000-fache der Erde. Die Sonne ist weit weg von der Erde. Nur darum erscheint sie uns am Himmel genau so groß wie der in Wirklichkeit viel kleinere Mond.

Wusstest du,

- dass der Erfinder Phileas Fogg in Jules Vernes Buch »In 80 Tagen um die Welt« wettet, dass er die Erde in 80 Tagen umrunden kann? Und zu dieser Zeit gab es noch keine Autos und Flugzeuge!
- dass erst 1968 ein Flugzeug die Erde umrunden konnte, ohne zwischendurch betankt zu werden?
- dass die Erde mit rund 110.000 Kilometer pro Stunde um die Sonne rast?

Auf der Hälfte der Erde, die von der Sonne angestrahlt wird, ist Tag.

Kann ich ein Loch durch die Erde buddeln?

Und dann bis zur anderen Seite krabbeln, um dort spannende Abenteuer zu erleben oder einfach mal kurz »hallo« zu sagen? Das würdest du niemals schaffen! So ein tiefes Loch wurde auch noch nie gebohrt. Immerhin sind es quer durch die Erde rund 12.740 Kilometer. Und auch wenn solch ein Tunnel vorhanden wäre: Du könntest gar nicht durchkriechen, weil es im Erdinnern viel zu heiß ist. Dort herrschen Temperaturen von circa 7000 Grad Celsius!

Entdecker

Warum ging man auf Entdeckungsreise?

Die Seefahrer, Abenteurer und Entdecker hatten die unterschiedlichsten Gründe, um ihr sicheres Zuhause zu verlassen und auf gefährliche Expedition zu gehen. Die einen taten das aus Neugier auf fremde Länder. Andere erhofften sich von ihren Entdeckungen Ruhm, Macht und Reichtum.

Wie wird man Entdecker?

Entdecker ist kein Beruf, den man erlernen kann. Als Entdecker bezeichnet man Menschen wie Kolumbus oder Magalhães (Magellan), die damals aufgebrochen sind, um fremde Länder, Inseln und Meere zu erkunden. Heute könnte man die Astronauten Entdecker nennen, da auch sie unbekannte Welten erforschen.

Wusstest du,

- dass der Portugiese Fernão de Magalhães (Magellan) als erster den Pazifischen Ozean durchkreuzte?
- dass die ersten Menschen nur die Gegend kannten, in der sie lebten?
- dass viele Entdecker nicht nur ihr Leben, sondern häufig auch das Leben der anderen Expeditionsteilnehmer riskierten?
- dass es auch viele mutige Entdeckerinnen gab?

Kolumbus entdeckte 1492 nur zufällig Amerika.

Kann man heute überhaupt noch etwas entdecken?

Meere oder fremde Länder kann man heute tatsächlich nicht mehr entdecken. Es gibt also keine »weißen Flecken« mehr auf der Weltkarte. Es wird aber sicher immer etwas zum Entdecken, Erforschen und Erfinden geben. Dass du dieses Buch hier lesen kannst, verdankst du auch einer Entdeckung. Denn ohne Papier und Druckkunst gäbe es gar keine Bücher. Auch in Zukunft wird es Entdeckungen geben, die wir uns heute noch gar nicht vorstellen können!

Christophorus Columbus Genuensis. 1492
J. de los Nadadores
Circulus Aequinoctia
La Barbada
Balcanas
Zambao
Ysabella
Nombre de Ihesus
Malarta de la Aguada
S. Thiago
Ys de los Tiburones
Insulae Salomonis
y di S. Pedro
I. Dagoa
S. Hieronymo
P. Salida
Buena baya
Ancon de la Natividad de nuestra Sennora
Tropicus Capricor
EL MA
Hanc continentem Australem nonnulli Magellanicam regionem ab eius inventore nuncupant.
Hae regiones cuidam Hispano apparuerunt cum disiecta classe in hoc Australi vagaretur Oceano
TERRA AUSTRALIS
1519
Magellanus

Kontinente

Warum ist es in der Arktis kalt?

Und in Afrika heiß? Auf unserer Erde gibt es kalte und warme Gebiete, weil die Sonne sie nicht überall gleich stark erwärmt. In Afrika fallen die Sonnenstrahlen ganz senkrecht auf die Erde. Darum ist es dort sehr heiß. Die Arktis wird von den wärmenden Sonnenstrahlen aber kaum berührt. Und so ist es dort kalt.

Was sind eigentlich Kontinente?

Kontinente oder Erdteile sind große zusammenhängende Landteile der Erdoberfläche. Die Kontinente heißen Europa, Asien, Afrika, Amerika, Australien und Antarktis. Meist sind die Kontinente durch Meere voneinander getrennt. Nur Europa und Asien gehen ineinander über. Wir leben auf dem Kontinent Europa.

Wusstest du,

- dass Europa und Asien oft als gemeinsamer Kontinent angesehen werden? Man sagt dann Eurasien dazu.
- dass Nordamerika und Südamerika einen Doppelkontinent bilden? Sie sind durch Mittelamerika miteinander verbunden.
- dass kein Eisbär der Erde je einen Pinguin gefressen hat? Eisbären leben nämlich in der Arktis und Pinguine in der Antarktis.

Europa ist der zweitkleinste Kontinent. Nur Australien ist noch kleiner.

Gab es auch mal andere Kontinente?

Vor langer Zeit gab es nur einen einzigen großen Kontinent. Dieser brach auseinander und es entstanden die heutigen Kontinente. Die Kontinente bewegen sich übrigens noch immer. So wandert beispielsweise Afrika ganz langsam auf Europa zu. Wenn zwei Kontinente zusammenstoßen, dann bohren sie sich ineinander. Vor vielen Millionen Jahren war Indien noch nicht mit Asien verbunden. Der gewaltige Himalaya entstand, als Indien auf Asien gestoßen ist.

Europa

Spricht man in Europa europäisch?

Eine europäische Sprache gibt es nicht. Die Menschen in Europa sprechen ganz verschiedene Sprachen, zum Beispiel Deutsch, Englisch, Französisch, Spanisch oder Polnisch. Es gibt in Europa etwa 120 verschiedene Sprachen. Die am meisten verbreitete Sprache in Europa ist Englisch.

Bin ich nun Deutscher? Oder Europäer?

Lebst du in Deutschland? Dann bist du Deutsche oder Deutscher. Oder lebst du vielleicht in Österreich oder der Schweiz? Dann bist Österreicher oder Schweizerin. Gleichzeitig bist du aber auch Europäerin oder Europäer. Denn das Land, in dem du lebst, liegt auf dem Kontinent Europa.

Wusstest du,

- dass es wunderbar ist, überall in Europa Freunde zu haben? Dafür ist es wichtig, dass du Fremdsprachen lernst.
- dass Europa in 45 einzelne Staaten aufgeteilt ist?
- dass sich viele Länder Europas zur Europäischen Union (EU) zusammengeschlossen haben, um noch besser zusammenarbeiten zu können?
- dass die größte Insel Europas Großbritannien ist?

Und wie heißt das größte Land Europas?

Das größte Land in Europa ist Russland mit einer Fläche von rund 17 Millionen km^2. Etwa ein Viertel des Landes liegt in Europa, drei Viertel liegen in Asien. Der längste Fluss auf dem europäischen Kontinent ist die Wolga mit einer Länge von 3531 km. Und der höchste Berg Europas ist der Montblanc in Frankreich. Er ist 4807 m hoch. Der Ätna in Italien ist Europas größter und aktivster Vulkan. Er ist etwa 3350 m hoch und spuckt immer wieder Feuer, Lava und Asche.

Der Montblanc ist mit 4807 m der höchste Berg Europas.

Flaggen

Hat jedes Land eine eigene Flagge?

Ja, jedes Land hat eine eigene Flagge. Mit der Nationalflagge drückt ein Land aus, dass es sich von anderen Ländern unterscheidet. Denn jedes Land hat ja auch seine eigene Geschichte, seine eigene Sprache, seine eigene Musik. Die Farben der Landesflaggen nennt man auch Nationalfarben.

Seit wann gibt es Flaggen?

Dazu musst du wissen, dass schon die Ritter im Kampf und bei Turnieren an ihrem Schutzschild ein Erkennungszeichen trugen: ein Wappen. So konnte man sie auch aus der Ferne erkennen. Klöster, Städte und Handwerker übernahmen solche Erkennungszeichen. Aus den Wappen entstanden später die Flaggen.

Wusstest du,

- dass Schiffe neben der Nationalflagge auch Signalflaggen haben, mit denen sie sich Nachrichten mitteilen können?
- dass auch bei Autorennen Flaggen eingesetzt werden? Fährt der Rennfahrer durch das Ziel, wird zum Beispiel eine schwarz-weiß-karierte Flagge geschwenkt.
- dass nicht nur Länder, sondern auch Städte, Gemeinden und viele Organisationen eine eigene Flagge haben?

Schwarz, Rot und Gold sind die Nationalfarben Deutschlands.

Wozu braucht man überhaupt Flaggen?

An der Flagge erkennt die ganze Welt, um welches Land es sich handelt. Darum sind bei großen Sportereignissen wie den Olympischen Spielen alle Sportlerinnen und Sportler mit der Flagge ihres Landes geschmückt. An Staatsfeiertagen weht an öffentlichen Gebäuden die Nationalflagge. Bei besonderen Trauerfällen wird Halbmast geflaggt. Dann weht die Flagge auf halber Höhe des Mastes. Auch Schiffe müssen Flagge zeigen, damit man erkennt, aus welchem Land sie stammen.

Geografie

Warum sind auf meinem Globus Linien?

Diese Linien nennt man Längen- und Breitengrade. Sie gehören zum so genannten Gradnetz. Das ist ein gedachtes Netz aus Linien, das rund um die Erdkugel gezogen ist. Mit Hilfe dieses Netzes kann man jeden Ort auf der Erde genau bestimmen: jede noch so kleine Insel und auch jeden versunkenen Schatz.

Woher kommt der Name Atlas?

In der griechischen Sage ist Atlas ein Riese, der auf seinen Schultern den Himmel trägt. Er soll versteinert worden sein zum Atlasgebirge. Das Atlasgebirge gibt es wirklich. Es befindet sich in Nordafrika. Atlas trug also die Verantwortung für die Erde. Deshalb heißt dein Buch mit den tollen Landkarten heute Atlas!

Wusstest du,

- dass die Erde in 180 Breitengrade und 360 Längengrade aufgeteilt ist?
- dass man auf einem Globus aber meist nur jeden zehnten Breiten- und Längengrad findet?
- dass man im Mittelalter glaubte, dass im Osten – im Orient – das Paradies ist? Noch heute benutzen wir den Ausdruck »orientieren«, wenn wir eine Karte nach dem Kompass ausrichten.

Eine Kompassnadel zeigt immer nach Norden.

Wieso liegt Norden immer oben?

Heute sind fast alle Karten so gezeichnet, dass der Norden oben liegt. Im Mittelalter zeigten noch viele Weltkarten den Osten oben an, weil dort die heilige Stadt Jerusalem liegt. Als man in Europa anfing, einen Kompass für die Orientierung zu nutzen, richtete man die Karten nach Norden aus. Unsere Erdkugel ist nämlich ein riesiger Magnet. Ein Pol liegt im Norden (Nordpol), der andere Pol im Süden (Südpol). Nach diesen Polen richtet sich die Kompassnadel aus: Sie zeigt stets nach Norden.

PACIFICO
OCEANO PACIFICO

Völker

Wusstest du,

- dass Völkerball ein beliebtes Spiel im Sportunterricht ist?
- dass viele Kinder bei einem bekannten deutschen Volkslied einschlafen? Es heißt »Der Mond ist aufgegangen«.
- dass man die Wissenschaftler, die die Völker der Welt erforschen, Ethnologen nennt?
- dass es Völker gibt, die noch so leben wie ihre Vorfahren vor Tausenden von Jahren? Man nennt sie Urvölker.

Hat jedes Volk ein Volkslied?

Jedes Volk hat neben einer gemeinsamen Geschichte und Kultur auch seine eigenen Lieder. Es sind Lieder zum Einschlafen, zum Mutmachen oder Lieder, die die eigene Geschichte erzählen. Volkslieder geben oft Auskunft über das, was die Menschen denken oder früher dachten.

Wie viele Völker gibt es?

Hast du schon mal von den Bajau gehört? Das ist ein Volk in Indonesien. Oder kennst du das indianische Volk Micmac? Es gibt mehr als 5000 Völker mit verschiedenen Sprachen, Bräuchen und Religionen! Gerade die Unterschiede zwischen den Völkern machen unsere Welt so bunt und interessant.

Ein Einwohner von Papua-Neuguinea mit traditionellem Kopfschmuck.

Und was passiert bei einer Völkerwanderung?

Zwischen 400 und 600 nach Christus kam es in Europa zur so genannten Völkerwanderung. Damals flohen ganze Völker vor den Hunnen. Das war ein Volk aus dem Osten, der Mongolei. Kaum waren die Menschen vor den Hunnen in ein anderes Gebiet geflohen, mussten sie sich schon wieder einen neuen Platz suchen. Diese Wanderung der Völker wirbelte Europa kräftig durcheinander. Das Römische Reich zerfiel und die europäischen Staaten bildeten sich heraus.

Länder

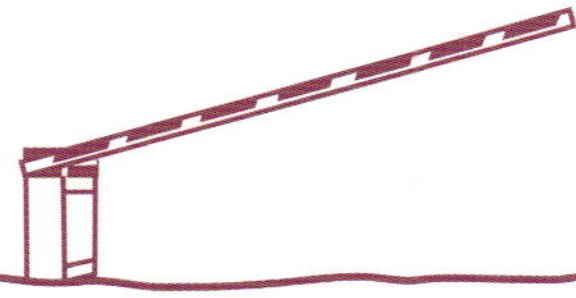

Wo ist das Land, in dem der Pfeffer wächst?

Hast du auch schon einmal jemanden dorthin gewünscht, wo der Pfeffer wächst? Weil du ihn einfach nicht mehr sehen wolltest? »Wo der Pfeffer wächst« – das ist wirklich ganz schön weit weg. Der Pfeffer liebt nämlich die Sonne. Er wird auf der Insel Madagaskar und in Indien, Indonesien und Malaysia angebaut.

Wie viele Länder gibt es auf der Welt?

Es gibt 193 Länder – oder besser: Staaten – auf der Welt. Dazu gehören winzige Inseln wie die Staaten Palau oder Nauru und Riesenländer wie Russland oder Indien. Es gibt Kinder, die in sehr armen Ländern aufwachsen. Andere Kinder werden in reichen Ländern groß.

Wusstest du,

- dass Russland das größte Land der Erde ist?
- und dass der Vatikan das kleinste Land der Erde ist?
- dass man die farbigen Schranken an Grenzen Schlagbäume nennt?
- dass der Rhein über weite Strecken die natürliche Grenze zwischen Deutschland und der Schweiz sowie zwischen Deutschland und Frankreich bildet?

Pfeffer wird vor allem in Indien angebaut.

Kann man Grenzen sehen?

Man unterscheidet verschiedene Arten von Grenzen, zum Beispiel kulturelle, politische oder natürliche Grenzen. Natürliche Grenzen sind Wüsten, Berge oder Flüsse. Die kannst du gut sehen! Politische Landesgrenzen sind dagegen nur gedachte Linien. Manchmal zeigen Grenzsteine, Schranken oder andere Markierungen an, wo die Grenze verläuft. Auch unterschiedliche Religionen oder Sprachen können Länder trennen. Das siehst du nicht unbedingt, aber du hörst oder merkst es.

Bauwerke

Warum ist der Turm von Pisa schief?

Schon nach dem Bau der ersten Stockwerke begann sich der Turm zur Seite zu neigen. Schuld war der weiche, lehmige Untergrund, auf dem er gebaut wurde. Heute ist der schiefe Turm das Wahrzeichen der italienischen Stadt Pisa. Man versucht, das Neigen des Turmes weiter aufzuhalten.

Wie lang ist die Chinesische Mauer?

Die Chinesische Mauer ist das längste Bauwerk der Welt. Sie ist rund 6000 Kilometer lang. Wie eine riesige Schlange schlängelt sie sich durch das Land. Gebaut wurde sie vor langer Zeit von den alten Chinesen. Mit der Mauer wollten sie sich vor räuberischen Reiterstämmen schützen.

Wusstest du,

- dass die Chinesische Mauer zum Weltkulturerbe gehört? Sie genießt also einen besonderen Schutz.
- dass – bevor es Hochhäuser gab – die Kirchen die höchsten Gebäude in einer Stadt waren?
- dass die ersten Hochhäuser in Chicago gebaut wurden?
- dass auch in Frankfurt am Main Wolkenkratzer stehen, die zu den höchsten in Europa gehören?

Wie hoch ist das höchste Gebäude der Welt?

Die höchsten Gebäude der Welt sind die Wolkenkratzer. Diese Häuser sind so hoch gebaut, dass ihre obersten Stockwerke die Wolken berühren. Der zurzeit höchste Wolkenkratzer steht in Taiwan. Er ist 508 Meter hoch und hat 101 Stockwerke. Dieser Turm steht in einer sehr gefährlichen Gegend. Denn jedes Jahr gibt es in Taiwan zahlreiche Erdbeben. Doch der Wolkenkratzer ist so gebaut, dass er sich bei einem Erdbeben wie ein Bambusrohr im Wind wiegt.

Die Pyramiden sind ein Wahrzeichen Ägyptens.

Feiertage

Warum gruselt man sich Halloween?

In der Nacht vom 31. Oktober auf den 1. November ziehen viele Kinder als Gespenster verkleidet von Haus zu Haus und sammeln Süßigkeiten. Schon die alten Kelten verkleideten sich zu Halloween möglichst gruselig. Sie wollten den »echten« Geistern einen Schrecken einjagen und sie vertreiben: uuaahh!

Wieso bringt der Osterhase die Ostereier?

So genau weiß das heute niemand mehr. Er macht das erst seit ungefähr 400 Jahren. Vorher haben verschiedene Tiere die Eier gebracht: der Hahn oder der Fuchs in Deutschland, der Kuckuck in der Schweiz und der Storch im Elsass. Vielleicht wurde dann der Hase ausgewählt, weil er ein sehr fruchtbares Tier ist?

Wusstest du,

- dass die Kinder an Halloween rufen: »Trick or Treat« (Streiche oder Süßes)?
- dass Ostern das älteste christliche Fest ist? Die Christen feiern Ostern die Auferstehung Jesu.
- dass man Karneval auch »die fünfte Jahreszeit« nennt?
- dass man früher in der Fastenzeit vor Ostern keine Eier essen durfte? Ostern schmecken sie dann umso besser!

Die bunten Ostereier sind ein tolles Ostergeschenk.

Warum verkleidet man sich zu Fasching?

Früher haben die Menschen zu Fasching oder zur Fastnacht gruselige Masken aufgesetzt und mit Rasseln und Glocken viel Lärm gemacht. Damit wollten sie die bösen Geister und den Winter vertreiben. Heute glauben die meisten Menschen nicht mehr an Geister. Aber es macht ihnen einfach Spaß, sich zu verkleiden und richtig fröhlich zu feiern. Im Rheinland nennt man den Fasching Karneval. Neben Venedig ist auch Rio de Janeiro berühmt für seinen Karneval.

Bräuche

Tragen Schotten wirklich Röcke?

Warum sollen denn nur Mädchen und Frauen Röcke tragen? In Schottland tragen viele Jungs und Männer zu besonderen Anlässen Schottenröcke. Man nennt sie Kilts. Das ist für sie so etwas wie ein Sonntagsanzug. Das Karomuster der Kilts heißt Tartan. Früher hatte jeder schottische Clan sein eigenes Muster.

Wieso essen Chinesen mit Stäbchen?

Chinesische Kinder würden bestimmt fragen: Wieso essen Europäer mit Messer und Gabel? Chinesen finden das Essen mit Stäbchen einfach praktischer. Sie haben die Stäbchen schon vor langer Zeit erfunden. Damals haben noch alle anderen Menschen einfach mit den Händen gegessen.

Wusstest du,

- dass der Schottenrock eine Art Wickelrock ist?
- dass in China alle Speisen schon kleingeschnitten serviert werden? Darum braucht man zum Essen kein Messer.
- dass Chinesen sogar Pudding mit Stäbchen essen?
- dass früher selbst Fürsten und Könige alles mit der Hand gegessen haben? Unsere Gabel ist erst vor circa 400 Jahren in Mode gekommen.

Auch in Japan isst man mit Stäbchen, zum Beispiel Sushi.

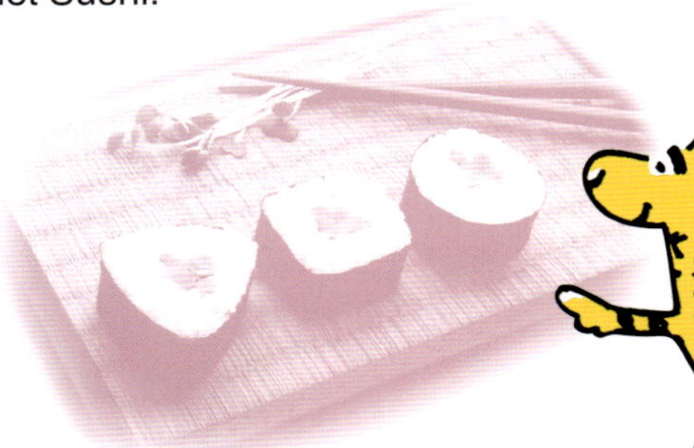

Und weshalb fahren Engländer auf der linken Seite?

Der Linksverkehr in England stammt noch aus der Zeit der Ritter. Diese hielten damals ihre Pferde mit der linken Hand am Zügel. Das Schwert führten sie mit der rechten Hand. Darum ritten sie immer auf der linken Wegseite, um einen Angreifer mit dem Schwert gut abwehren zu können. Und diese Regelung wurde einfach nie verändert. Auch in anderen Staaten wie Japan, Australien und Neuseeland fährt man auf der linken Seite.

Register

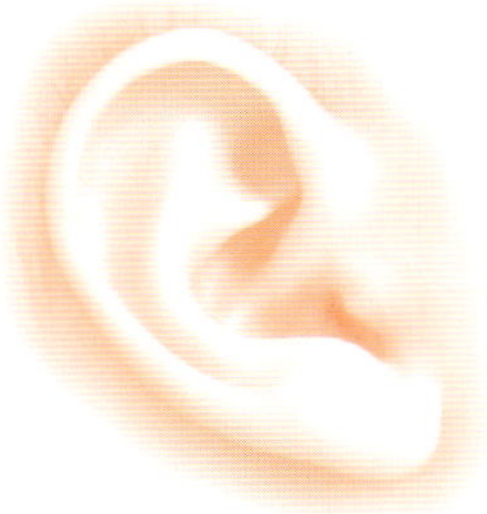

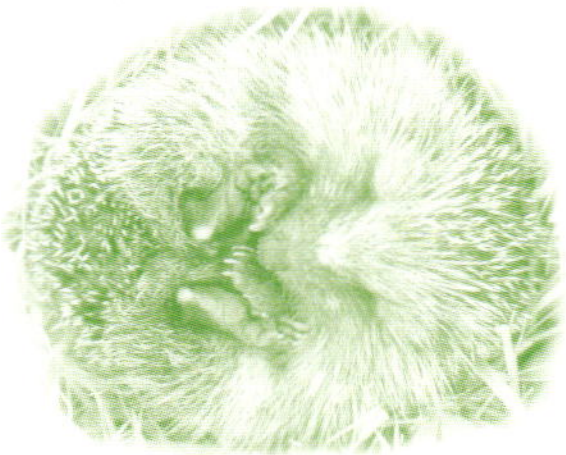

F

G

H

I

J

K

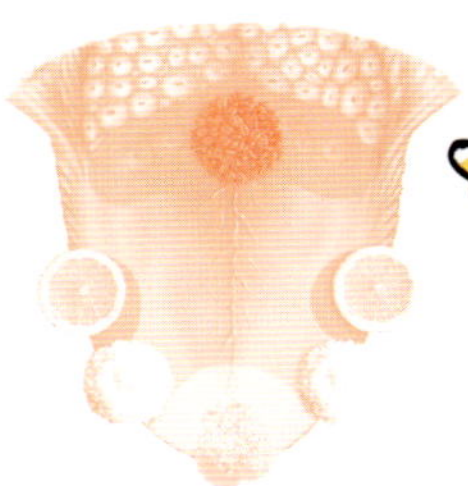

55

Müller
Schmitz
Meyer

Abbildungsnachweis

Casio Computer Co. GmbH Deutschland, Norderstedt: 104; Corbis GmbH, Düsseldorf: 9/Craigmyle, 87/Winsett/Index Stock, 101/Pelaez, 111/Palmer, 129/Norman/zefa, 143/Rose/zefa, 149/Marshall; Corbis Royalty Free: 26, 42; dpa Picture-Alliance GmbH, Frankfurt: 40/Weihrauch, 45/Airio, 55/Huber, 63/Okapia/Reinhard, 71/KPA/Chromorange/Holfeld, 141/epa/Hartmann; Fotolia.com: 78/Rovenko, 124/Mcallister, 142/Cowan, 158 u.r./Rovenko; Getty Images, München/RF: 18/Gordon/Cole Group, 34/Budnik/Cole Group, 154/Vereen/Cole Group; IFA-Bilderteam, Ottobrunn: 11/Lance, 23/Lance, 36/Rosenfeld, 39/Giel, 50/Walsh, 51/Becker, 54/Mohr, 61/Wittek, 65/BCI, 79/Vestal, 84/Buschbell, 85/Nacivet, 99/AFLO, 115/Weststock, 116/Imagez, 134/Direct Stock, 135/Ernie S., 146/Thiele, 150/Kouboul, 153/Oertel, 157 u.r./Direct Stock, 159 u.l./Buschbell, 159 u.r./Thiele; Interfoto, München: 137/Hansmann; istockphoto.com: 10/Talby, 16/Nicholas, 20, 30/Kosmal, 38/Doriy, 52/Diederich, 74/Stadtaus, 86/Robson, 88/Gagne, 92/Wassink, 102/Aplet, 106, 118/Klumpp, 122/Jacobs, 126/Blomenkamp, 128/Mansi, 152/Alter, 156 u.l./Talby, 156 u.M./Diederich, 157 u.l./Gagne, 159 u.M./Blomenkamp; Juniors Bildarchiv, Ruhpolding: 67; Mauritius, Mittenwald: 5/Vidler, 12/Phototake, 13/Westend61, 15/AGE, 17/Stock Image, 19/Photolibrary, 21/Reik, 25/Velten, 27/Alexandre, 29/SHOOT, 31/Photononstop, 35/AGE, 37/Foodpix, 41/Rynio, 43/Raith, 47/Workbookstock, 53/Velten, 59/von Mallinckrodt, 69/Oxford Scientific, 75/Oxford Scientific, 77/Beck, 81/Kaiser, 89/Vidler, 91/Cupak, 93/Steve Bloom Images, 95/Kupka, 96/Halaska, 97/Ley, 103/Pöhlmann, 105/Leiber, 107/AGE, 113/AGE, 117/Westend61, 121/AGE, 123/The Copyright Group, 125/AGE, 127, 131/AGE, 139/IPS, 145/AGE, 147/SuperStock, 148/Mattes, 151/Raga, 155/Vidler; mev, Augsburg: 100; NOAA Photo Library, NOAA Central Library: 28; Okapia KG, Frankfurt: 73/Reinhard; Quelle Schickedanz AG & CO, Fürth: 44; Shutterstock.com: 46/LouLouPhotos, 68/Oetgen, 90/Syba, 130/Banus, 157 u.M./Banus; SXC, Stock.XCHNG: 4, 80; Topfoto, Kent: 8/Esbin-Anderson/The Image Works, 22/National News, 24/2004 Fortean/Aarsleff, 49/The Image Works, 58/Hurault/Roger-Viollet, 60/Avery, 62/Valsecchi/Alinari Archives Florence, 64, 66/LaBelle/The Image Works, 70/Mitchell, 72/Campbell, 76/Ludak/The Image Works, 94/US Navy/Gay, 120/The British Library/HIP, 136, 140/Alinari Archives Florence, 156 u.r./Campbell; Wissen Media Verlag GmbH, Gütersloh: 14, 48, 98, 110, 112/Hartenstein, 114, 119, 138, 144, 158 u.l., 158 u.M.

Abbildungen auf dem Einband:
Corbis GmbH, Düsseldorf: o.r., u.l., u.r.; Wissen Media Verlag GmbH, Gütersloh: o.l.